我选择，有尊严地死去

[法] 玛丽·德卢拜 著
孙敏 张怡译

上海社会科学院出版社

死亡是温柔的，它将我们从死亡的思绪中解救出来。

——儒勒·列那尔

推荐语 REVIEW

这是一本向死而生的书。作者用死亡来记录生存，展现了人面对未知的最大勇气。作者在选择安乐死时平淡从容的叙述仿佛再度点燃生命的尊严，告诉我们死亡其实不是这个世界上最可怕的命题。

——央视评论员 周庆安

作者玛丽·德卢拜在得知自己身患绝症之后，选择有尊严地死去。她从安乐死未被合法化的祖国法国去到了比利时，选择了由比利时医生实施安乐死。作者有一段话让我永不能忘："我们会再见的，我坚信。这才是我的希望，而不是那些不得不做的治疗。只有希望能化解我的恐惧。面对虚无的恐惧，面对身体深陷寒夜的恐惧。我们所有人都会再见的。我知道。"这是她敢于去死的那份信仰。

——作家 张慈

她不是求死，而是求生。她以一个癌症病患的视角一直在寻找生命的出路。她带我们看了众多病患实例，查了诸多医学数据，让我们头脑清醒，参透不可回避的死亡真相。那么，插满管子延长生命做"纯粹生理意义上的人"？还是如她一样选择"美好的收场"？……她以生命抉择暖了"安乐死"话题。震撼于她的选择，更为生命的尊严骄傲。

——电台主持人 小窗

如果死亡于我们是生命尊严的表达和延续，那么，死亡面前的我们一定会淡定、从容和优雅，我们也会更加珍惜生命中的每一个瞬间、每一个事件和每一个人。

——复旦大学 生命伦理学 朱伟 副教授

死，是无可回避的终点，然而在死亡的过程中，身体过程与心智过程并非同频同步。在现代社会中，当死亡被彻底剥除了集体或公共性的情境与意义，它所带来的恐惧与痛苦就完全由个体承担，并在感性体验与理性省察中益显鲜明与深重；而医学的进展尤其是医技的发达，则使得这份恐惧与痛苦转化成更为多样而漫长的身体与心智体验。因此，死亡不再是一个猝不及防的事件，而是一项需要治理的长期的个人事务：我们需要认知我们自己独一无二的死亡内涵、寻求有尊严的死亡姿态，建构不那么无聊乏味的死亡意义……

在“向死而生”的过程中，人们都以“有死”和“能死”的方式活着；而玛丽·德卢拜则在她的肺癌体验中展示了哲学无能为力的具体痛苦：在“有死”与“能死”之外，还有“被预期的死”，那么个体能不能定制自己的死亡？

这本书告诉我们，怎样为死亡而活着。

——华东师范大学 文化人类学 陈赟 博士

目录 CONTENTS

序言 AVANT-PROPOS

当玛丽得知自己身患癌症，不可治愈时，她对我说还有一场仗要打，而她会赢得最后的胜利。这场仗就是向世人讲述她的生命历程，以期有一天法国会出现一条法令，让所有人能像她那样自主地选择死亡。

她认为自己时日无多，因此急不可待地写作。她从医学文献中了解到，她只有几周或几个月的时间写作。她向她的神经科医生表达写作愿望时，医生没有直接回答她，只是说："我有过一个你这样的病人，他也有激情写书，说完成写作大概需要 6 个月。我告诉他，他没有这么多时间。"

我马上给玛丽买了一个笔记本。她躺在书房的床上工作，不再睡觉，彻夜不眠地写作，不停寻找更好的方式来展现我们的生活。她总爱读一些写好的段落给我听。

早上，她筋疲力尽，却从未想过停止写作，这是她至死不渝的执念。她对一切不公正的事情都愤愤不平，其中，关涉死亡的不公正在她看来更是重于一切，无法容忍。

书中某些片段曾让她落泪。有时我会对她说："躺下休息一会儿吧。""我们去散散步吧。"……我并不是真的想让她停下笔，而是看着她形神俱碎我心里很难受。

事实上，我担心她的身体健康多过于担心她的书。我们本应更多地交流，你们将在书中读到的一些篇章，曾占据了玛丽和我本应在一起的宝贵时间。

贝特朗·德卢拜

童话变成噩梦

UN CONTE DE FÉES
QUI VIRE AU CAUCHEMAR

56 岁时，我罹患肺癌。照了几次 X 光，做了一系列检查,16 个月以后，我得知任何治疗都是徒劳的。我的生命已近完结。

在死之前，我就觉得自己已经死了；在一只脚踏进坟墓之前，我便仿佛已被埋葬。重重的一击。哭泣取代话语，泪水取代欢笑，痛苦取代幸福。

我想大喊：一切来得太快了！我还不够坚强，承受不了这样的厄运；我还太年轻，不曾有过战胜死亡的经历；我还来不及锻炼自己却要迎接死亡的命运——为何不让我慢慢适应生死之事！

不，我不敢相信。在我这个年纪，千千万万的人都成功逃脱了死亡的罗网，而我呢，却被困在网中……当身边的人都在对你微笑；当你生活在一个美好的时代，家人和可爱的孙辈们承欢膝下，你怎会想到竟发生这样的事！

我曾得到命运的眷顾，家境好、乐观开朗、长得不错，被称作“金发美人”。为何命运如今却要背叛我？死亡怎敢毁掉我的生活？

我想，假如我曾生活在无尽的不幸中，孤独得发狂，我可能更容易接受死亡。而现在，我将失去的是一切。

绝对是一切。

在生活中，我脑子里一直装着无数计划和想法。我充满激情、意志坚定，以至于我总是问自己究竟要活多少次才能做完所有想做的事。我做过记者、作家、室内建筑师、印染工……

2004 年 8 月，在我居住的巴黎九区的一个古玩店，我第一次见到了贝特朗，我们一见钟情。

当时，我是装饰杂志的主编。我从事过装饰艺术，接着成了服装设计师，打造了几个儿童服装品牌，像 Tartine 和 Chocolat。之后，我又去新闻学院学习，还着手写过一些医学科普书。

2005 年，我和贝特朗结婚。我们有了数不清的计划，还想实现共同的梦想：找到一幢乡间别墅。我们来往于法国各地，终于发现了位于约讷省的索勒斯城堡，它曾是中世纪的骑士府邸，如今这座建筑的大部分都已坍塌。

我们全心投入到城堡的修复工作中，孩子们觉得我们近乎疯狂。不过，能一起疯狂也是一种幸福。

那些日子里，我们手脚并用，爬上爬下地擦那些老旧的瓷砖；四处清洗数不清的蜘蛛网。我们的指甲磨秃了，整天灰头土脸，直至筋疲力尽。这座城堡不仅是工作室，它还是爱之屋、规划之屋、寻宝之屋。在这里，我俩或全家人一起度过周末和假期。它见证了我们的情感生活。

我们并非虚荣的“城堡主”，一门心思只是盘算着拥有一处漂亮的住宅。我们是想让所拥有的历史建筑重新矗立起来。石头讲述着人的故事。即使到现在，癌细胞吞噬着我的大脑，我仍然坚持这项工作。我创造了各种布景，设计出各种门廊，我造出了一个新的“玛丽－安托瓦内特”寝殿。它现在仍然占据着我的生活！

我有个外号，叫“全部、马上”。贝特朗说我名副其实。也许是我从潜意识里已经感觉到我的生命将会不公平地提前结束？对医生来说，我是特例，是与众不同的病人，是一个“不像病人的病人”。

我必须承认，运气离我而去。曾经，它跟随着我。而如今，童话变成了噩梦。

试想一下，你只剩下几个月的生命。在这几个月里，一切都偏离了正轨，一切都仿佛坐在滑板上飞速前进，必须努力地、紧张地生活。而在接下来几个星期，我要在最后一次旅行出发前，做完最重要的事。当然，这次旅行并不让人愉快。

我回想起最近一次去非洲大地上旅行，那是在肯尼亚蒙巴萨省南部的迪亚尼海岸。往事历历在目。我在 ipad 上找到了 2011 年 3 月 3 日写的几段笔记，意味深长：

> 11 点，飞行了将近一小时。我们在阿尔卑斯上空。太美了！浓云堆积，洁白无瑕的高山在云间穿梭。厚厚的云层似雾气缭绕的挂毯，又似棉被，让人禁不住想醉卧其间，忘却一切。不再想逝去的时间，不再想人生的不幸，不再想今夕何夕，明天有多远。思及此，无限的悲伤袭来，将我团团围住。

为什么我如此悲伤？这是否就是所谓的不详预兆？我是不是已经预见到再过几个月，我会从这个世界上消失？想到这里，巨大的恐慌涌上心头。我不得不永远地失去一切。这个念头让我的挣扎变得无力。

“太不幸了。真残酷……”这样的话，我常听贝特朗说。多少次我们用尽全力拥抱，奢望逃开这样的厄运。我们曾有过那么多同生共死的念头：相伴离去，一同长眠。曾经，我们幸福得不分彼此。现在，我们仍然紧紧地拥抱在一起。

贝特朗在我耳边低语："我们是不幸的，也是幸福的。不幸在于我们曾幸福过。我们不敢承认，但这却是一种奇妙的体验。"拯救我们的是爱，是赖以支撑的爱。我们曾形影不离地生活在一起，这让我们心如刀割。假如不曾深爱过，一切就简单多了。直接告别，不必担心再也见不到对方，也不必苦苦追忆对方的模样。

我们会再见的，我坚信。这才是我的希望，而不是那些不得不做的治疗。只有希望能化解我的恐惧，面对虚无的恐惧，面对身体深陷寒夜的恐惧。

我们所有人都会再见的。我知道。15 年前，在坦桑尼亚医院，我曾在一场急诊手术中有过"濒死体验"。我知道走过黑暗的隧道，等待我的是希望的出口。我看到人影憧憧，伸出双臂要拥抱我。我听到人声纷乱，仿佛不同步的琴弦奏出的圣歌。语速奇特，仿佛被划伤的唱片在转动，并随着我的移动而变奏。我离他们越来越近，似乎触手可及。就在那时，就在快要走出黑暗时，突然间天旋地转。下一秒，我发现自己躺在手术台上。

所有人都在等我……这让我企盼，又让我绝望。因为我将要离开我的女儿、我的骨血，她抱着我流泪，希望我还能回来。我很遗憾，带给她这么多痛苦；我很遗憾，无法尽我全部的责任，再不能以身作则，再不能为我心爱的小天使们引路，再不能教导我的外孙们。强烈的负罪感将我包围。我伤害了我的家人，给身边的人带来痛苦。而这让我自己更加痛苦。

我将何时离去？无人知晓。至少我们认为无人知晓。几个月……剩下的时间太少了。你也许在想我能否写完这本书。但我确实想留下这份见证。请给我时间，让我在离去前写完它！

就在写下这些字句时，我走神了。一场审判正在进行，它将决定我何日何时死去。红发的法官，额上满是汗滴，即将宣布我的名字。而我的律师们正在抗辩，要为我争取足够的时间写完作品，并为离开做准备。还有很多事等着我安排。在这个法庭里谁将获胜？

读者们，你们会比我先知道审判的结果……

不归之旅

VOYAGE SANS TICKET RETOUR

人类的座右铭是：生命诚苦，亦需苟活。

——拉封丹

一想到不知何时咽下最后一口气，我就心神不宁。我不止一次想在死神抓住我之前结束生命。现实这么残酷，心理折磨又永无休止，我总在想，如果可以，在被告知患了不治之症时，我就应该跳楼寻死。有时，我会有点浪漫地设想，我在林中纵马骑行，驱策它极速狂奔，带我奔向死亡。它或从低矮的枝桠下疾驰而过，或前蹄扬起，不停转圈，将我掀翻在地。

病态的想象，各种自杀的念头，不过是为了遗忘我备受折磨的灵魂。

我当然想过自杀，且对这种念头毫不陌生。我制订过各种自杀计划。我可以效仿玛丽·弗朗斯－皮西尔，身上绑一把铁椅，跳进游泳池。这位喜剧演员曾伴我度过二八年华。我还可以像她 20 岁为情自杀时那样，开车撞向梧桐树……可是我做不到。我不想让死亡笼罩我的家，让它变成苦涩的回忆，让它变成一片废墟。

贝特朗按：

玛丽反复说过：“我多次想过自杀，但我放弃了。因为自杀需要勇气，要能承受巨痛，而我不愿意受苦。”她放弃自杀也是为了我们，她不想让家人看到血腥的场景。

她有理由相信，自杀者的亲人将终身背负罪恶感。自杀会让她与她要进行的战斗背道而驰。她要的是一项真正让人有权选择自杀的法律能够建立起来。即便去瑞士申请“自杀协助”① (病患自行注射药物)，用这种远胜于长期忍受焦虑的方式结束生命，她也拒绝了。她希望我们的社会最终尽到对人的责任。

慢慢地，我忘记了那些病态的想法。我告诉自己不能像那些因慢性病或癌症最终绝望自杀的人那样，从病房跳楼、在洗手间上吊，或在家服毒，我不能成为其中一员。

从小我就常和死亡嬉戏。比如骑马，我就毫无畏惧：腾挪、跳跃、前仰、跨栏……我还玩过赛车和滑翔。我 10 岁时，家住 5 楼，还曾在邻居的眼皮底下(因为我需要观众) 跳上阳台的栏杆，练习走钢索！

死？当时谁会把它当回事。死亡只是装在脑子里的一个词，拍走它就像拍走苍蝇。然而，当它真的来敲门时，我们是否还能蔑视它？俗话说，越勇

① 联邦当局称：在瑞士，自杀协助如非谋求私利，就不应受罚。这项开明的规定既保障了人的生命安全，又尊重那些自主选择死亡之人的意愿。

敢的人，越蔑视死亡。我是否正站在挑战死亡的巅峰？没有医生能帮我。当然，G 医生除外。他是神经科专家，人长得矮墩墩，很真诚，视病患如家人。他每天跟进我的病情，只要我需要，哪怕是晚上，他都会立即赶来看我。

我第一次去他位于讷伊的诊所时，候诊厅里挤满了人。我们前面坐着一对 50 岁左右的夫妻。丈夫走起路来步履蹒跚，像患了老年痴呆；驼着背，双臂无力地垂在两侧；表情木讷，脸上隐隐闪着油光；眼睛一动不动，一言不发。他似乎生活在别处，生活在焦虑不安的国度里。我真同情他和他的妻子！我一点儿也不想和他互换，哪怕我快要死了。我想，我是不幸的，但还不算太糟。

又一个病人拖着脚步走向出口。他没想到病情这么严重。他希望还能参加每年的巴黎马拉松赛。和他们相比，我除了走路有点跛，看起来还是很健康。别人可能以为我只是脚踝或者膝盖脱臼。不过，我的右臂有些问题，右手无法自如地书写，不停颤抖，写出来的字歪歪扭扭。

我的问题在于没有斗志，恐惧不可知的明天，害怕生活不能自理。也因此，我产生了自杀的念头。畏死厌生。在比利时，我第一次和医生谈到死的问题时，他说："你要知道，你得的是不治之症，一定会受各种苦。觉得自己不幸只是开始。"

G 医生却很乐观，他总觉得我"很好"。每次去看他，他都对我丈夫说："你妻子状况挺好的，对吧？她挺好，是不是？"

我呢，觉得自己 8 周里老了 20 岁。之前，我看起来很年轻，别人都猜不到我的真实年龄。现在，我却希望自己已经 70 岁了。这样，我的病可以慢慢恶化，我还能过几年幸福的生活。

过几年幸福的生活而不是过几个月艰难的生活！现在每天午后，我沉沉睡去时，都会感觉自己即将远行。无法抵挡的困倦让我惊恐。我开始害怕睡着以后再也无法醒来。我的头针扎一般地疼，疼痛持续不断地向大脑施压。我想，我的大脑最终会屈服的。

同样，我不得不每天接受他人的施舍。惯于引导、陪伴他人的我，如今却要被他人怜悯。一想到我得让人服侍，需要他人的搀扶才能上下楼，我就受不了。当然，现在还不至于卧床不起，但明天呢？我知道，身体的肿瘤终将打倒我。我已经显出虚弱的征兆，洗澡、起床、穿衣、穿鞋都需要丈夫帮忙。

即使各种病态的想法盘旋不去，我离开时，也要体体面面，穿戴整齐，装扮得体。要做到，很难，可是我一生都在追求美，就算死，也要死得美丽。

我在想，我死之后，入殓师是不是能把我打扮得漂亮点，让为我守灵的亲友们心里好过一些。

转向 A REBOURS

听，亲爱的，听温柔的夜的脚步。

——波德莱尔

最初，G 医生在诊所接待我。很快，我们换到另一个可举行小型沙龙的房间。那里光线柔和，我能更好地倾吐心声。当然，我也避不开各种常规检查，如测试神经机能、量血压、注射药剂、验血、做核磁共振。

做检查并不难受，G 医生让我很安心。他一直强调："不管怎样，这 8 天里你一定会活着。"每周重申一次，这让我感觉好多了。但是我能活到几时？我很害怕有一天他说我只能活几周了。

不过他从没有这么说。

每次，我照着看过的医书，告诉医生我应该还能活3—6个月时，他们总是会说："没人知道。"我还要和这种沉默对抗。医学上的沉默一直在我耳边回响，让我彻夜不眠；无用的治疗发出的噪音，无休无止，让我无法思考。

G医生没有这么说，他不知道，也没人知道。没人知道自己何时死。我呢，也不知自己何时死。可能现在，可能明天，可能再过一周、一个月或者更久……所剩无几的时间，如阴影般笼罩着我。

我的朋友不厌其烦地安慰我说："人总是会死的。"这话没错，但是他们不会一直想这个问题，而我却要思考如何度过剩下的时光。我的生命随时会中断，还能活多久只能估算。所以，我没法确定最后的书名。我觉得最有把握的是6个月，于是向编辑建议书名取为《生命最后6个月》。

有一天G医生对我说："我有一个患脑瘤的病人，

坚持活了9年！”9年！不可思议的奇迹！和我的状况相似，也是恶心呕吐、脱发。唯一的问题是，杰出的G医生忘了告诉我那位病人已经80岁了，肿瘤变大的速度非常慢，而在我这个年纪，肿瘤却如雨后春笋般迅速长大！

我最初出现病症，做核磁共振时，癌细胞转移后形成的脑瘤[①]约占10%。最大的直径超过2厘米，像葡萄那么大。4个月后，就长到了杏子大小。照这个速度，我活不了多久。超过5厘米，就危险了！而且它们随时会发作，我也随时会死。那么，我没必要再自欺欺人。即使有所谓“医学上无法解释”的康复，也不可能是我这种情况。

一切都已注定。

假如我有权安乐死，我将会怎样死去？G医生简要地向我解释：“我们会给你打一针，让你入睡。然后，在你体内注入麻醉剂。最后注射氯化钾，让你的

① 编按：此处法语 métastases，指癌细胞的远端转移。作者最先得的是肺癌，癌细胞侵入循环系统后又转移到脑部，形成了脑瘤。

心跳停止。”

他描述的情形不会让我难受。慢慢入睡，永不醒来。呀！愉快的死亡并非不可能。G医生同时也不情愿地承认道：“你可能会突然内出血，陷入昏迷，如遭雷击。”

“那会怎样？大脑眩晕痛苦吗？”

“没人知道，也没人能证实。”

“要是发生这种意外，该怎么办？我只想彻底死亡，不想变成植物人。”

“那就不要呼救！”

我得好好记住……贝特朗马上询问医生接下来应该怎么办以及布鲁塞尔方面的情况。

布鲁塞尔是我唯一的救赎地。在那里我将走出垂死之境，得到解脱。在法国，我们总是给绝症病人插氧气罩，打强心针，让他们活下去，关上已向他们敞开的冥府之门。而我，要跨越生死边界。

跑遍比利时各省后，我找到了更有尊严的、安逸“睡去”的办法。在死亡的问题上，我们法国人对宠物比对人好。我在一个动物网站上读到：当宠物开始老去、开始受苦、时日无多时，我们就得考虑和它告别。最好提前准备好，让我们的伙伴尽可能舒服地离开这个世界。

如果我们的狗可以不受不必要的苦，那么我也想做一条狗，我要得到应有的关怀。

被质疑的安乐死

L'EUTHANASIE EN QUESTION

医生的职责不仅是治愈病人，还要减轻病人的痛苦和悲伤。减轻棘手之症带来的痛苦，不但有利于病人恢复健康，也是为了在病人无治愈希望时，帮助他安逸地死去。安乐死比我们想得更幸福。

——弗朗西斯·培根，《大复兴》，1623 年

在法国，我们得一直受苦。我深知这一点，因为我已走遍医院昏暗的过道。所有的实验室都致力于挽救垂死者的生命，医生的职责与荣誉也在于此。得了

绝症，希望有计划地、圆满地死去？算了吧。在法国，安乐死仍然是禁忌。人们从各个角度给出各种绝妙的托词：伦理学、心理学、社会学、经济学、精神的、宗教的……

上帝说："你将承受分娩的痛苦。"可我知道，他从未说过："你将承受死亡的痛苦。"难道祈求宽恕比减轻痛苦更好？假如上帝的旨意是让我们受苦，我们为何要保重身体？第五诫里只说："不可杀人"，《新约》里并没有谴责自杀。对自杀的谴责始于公元 4 世纪，早期教会还曾鼓励创始人自杀，如圣彼得。耶稣不是也说过："没有人夺我的命去，是我自己舍的。"(《约翰福音》10:18)

我和贝特朗提过好几次："改天你见到神父，问问他，让病人大量服食药物，剥夺他们的自由，是否合乎教义？"

接受治疗，忍受痛苦，只为了多活几周，这又何必？既然我已时日无多，为何要白白忍受化学药剂和射线带来的折磨？我无法想象自己像卡夫卡《在流放地》里的死刑犯那样，被绑在铁床上，身上插满管子，肌肤上刺着所犯的罪行，被强行灌些流食，不能说话，也不能排泄。

可能有人会说，在法国有条已生效7年的法律，禁止对垂死病人做无望的救治。可是这项法律并未得到重视，而且拖到垂死时，病人已受了很长时间的折磨。一般来说，会持续1个月。你能想象在医院的病床上奄奄一息1个月吗?

医药营销也推波助澜，给这种垂死前的医疗看护取了个安抚人心的名字："减痛看护"。其实不过是温水煮青蛙，让人慢慢等死。

雷吉斯·奥布里医生，贝桑松大学医学中心"减痛看护"部主任，在《世界报》上撰文称："垂死注定很艰难。它给人留下痛苦的回忆。"艰难？我为何要走这条痛上加痛的路？我很怕自己智力受损、四肢瘫痪或气管被切，也很怕变成没有知觉的植物人，一天天慢慢解体。

在网上读到的自述，让我更坚定信念，要自己选择死亡而非听从他人的意愿。如这位医护人员的自述：“我们和病人直接接触，抱起他们，给他们洗澡，我们看着他们的身体一点点衰老。生命走到终点时他们会有感觉。他们让我们继续做检查、抽样时，经常说这是非人的生活。”又如国家医疗委员会主席贝尔纳·格罗庸的自我反省：“医生并未尽到扶助病人的职责。世纪末最先进的医学最后却把人抛在了一边。”

我毫不惭愧地说：我拒绝受苦。我不想变成躺在病床上一无所有的人。我拒绝让人生不如死的痛苦，因为痛苦让人一蹶不振：**生命失去了意义**。

去年，为了做肺部手术，我在医院住了15天。在走廊尽头，我听到病人痛苦而绝望的叫喊，也听到他们的家人不停哀求医生手下留情，减轻他们的痛楚。这种场面，我早就预见到了。

我看了大量报道、分析、评论，想知道我死时是何模样。像尚塔尔·赛比尔，脸部完全变形？像樊尚·安倍尔，四肢麻痹，口不能言，眼不能视？

抑或像雷米·萨尔瓦[1]那样，长期忍受让人无法想象的痛苦？

说到这个问题，我就激动不已。怎样才能从地狱般黑暗的洞穴中逃出生天？为何决策者们要反对安乐死？为何要让那些一贯持反对立场的专家作调查报告？如今，总有些人阻挠安乐死，断章取义地解读有关报告，大张旗鼓地宣扬，来来回回全是废话。只要想到那些不幸的命悬一线的人，在苦等死亡的入口，在盼望得到解脱，我就怒不可遏。

2005年4月22日通过的“雷奥内蒂法”(la loi Leonetti)，允许绝症患者中断治疗。好！干得真好！起草该法案的人是否试过守候在垂危病人的床前？是否试过每日探望躺在重症病房、陷入昏迷的病人，流着泪进去，心力交瘁地出来，并因此而痛苦不堪？我试

① 雷米·萨尔瓦，23岁，曾写信给时任总统萨科齐，希望能修改现行法律。他说：“和樊尚·安倍尔一样，我请求法律允许我死去，使我从痛苦中解脱出来。我知道，在法国还未立法允许医疗机构实施安乐死。这让我无法安静地生活……应该修改法律……我，雷米·萨尔瓦，请求您将个人的观点放到一边，不要对此不闻不问。您是全法国人的总统，您应该能做到。”

过。10年前，我弟弟出事了。我永远不会忘记每天那让人窒息的绝望。我们得小心翼翼地盯着他苏醒过来的征兆，不放过任何一丝转瞬即逝、难以察觉的动静。

6个月的心理折磨，难以磨灭的记忆。我不想让我的家人承受这种痛苦。我自己也不想承担这种风险。

有人能向我保证昏迷后不受苦吗？《世界报》作关于安乐死和镇静剂的民意调查时，国家医疗委员会职业道德与伦理部副主任弗朗索瓦·史蒂芬尼曾撰文称："尽管有人认为病人在临终时不会受苦，但我们还是不能肯定。因此，必须注射镇定剂，不让病人有痛苦的举止，让他们尽可能平静地离去是至关重要的。"

我想到了我可怜的祖母。当时医学还没有这么发达，她虽已年迈力衰，却还得动无用的手术，结果躺在病床上一动不动，承受身心的双重折磨。她苦苦哀求了一个月，让我们救她走出这可怕的绝境。那些四肢瘫痪、只能以眼神交流、一心求死之人的心声，是否有人倾听？有多少病患曾要求亲人，让他们死去；又有多少病人曾恳求医生、看护和护士，让他们死去？

玛丽·亨利泽尔女士在呈给卫生部长让－弗朗索瓦·马特的报告中居然说："只有那些健康的人才赞同安乐死，支持所谓'死亡的权利'。"错，大错特错。我就是赞同安乐死的"不健康的人"。这位女士是不是邪教组织"邀约生命"的成员，信奉"靠祈祷、靠和谐、靠传送宇宙的力量，就能不药而愈"？该组织的精神领袖谈到骨癌时，就曾指示："你几乎没什么花费，只要一点镁、一个灯泡和一些石膏，奇迹就会出现。腿骨、双臂或脊柱上出现的洞，常常会自己消失。你没必要担心骨头怎么长好，无须担心，上帝会治好它，上帝知道怎么做。"①

这些人是否想过自己会死？"减痛看护"完全是虚伪的，其拥护者鼓吹的思想荒谬不已。亨利泽尔女士甚至称："注射氯化钾实施安乐死，是很痛苦的。"无稽之谈！第一次注射彻底将病人催眠，他根本感觉不到第二次注射。贝特朗很快就能证明这一点。

---

① 来自1984年该组织成员的录音。贝尔纳·菲莱尔引述，《洗脑，反邪教的调查报告》，Plon出版社，1993。

看看民意测验机构关于法国人安乐死态度的调查结果，我们会大吃一惊。CSA 公司 2010 年 10 月 30 日发表在《西南报》的报告称：受访者中 94% 支持立法，允许对患有绝症的病人实施安乐死。无痛苦的死亡正是法国人所希望的。

在这个尊重人权与自由的国家，为何还有一群人反对、拒绝民众普遍的意愿？我设想，也希望，在可见的将来就“人选择死亡的权利”举行全民公决。当然，我无法参加。那时，我已经不在人世了。

真遗憾，少了一个人的声音！

拒绝受苦

NON À LA SOUFFRANCE！

因病而苦或因药而苦。

——利希滕贝格《格言集》

我竭力说服法国医生们帮助我死去。只有一位给过我一线希望。他认识一位同行，去见见、打听打听、去问问……诸如此类的话，没完没了。总之，他持观望态度，一直让我等。而且我确信，每次谈话最后，他都会喋喋不休地对我说起治疗的事。

一切总是回到原点。

并不是嘲笑这位医生，我完全能理解他的反应。

为什么要为一个不相干的病人毁了自己的职业生涯？在法国，实施安乐死是一件极其冒险的事，医生很可能因此身败名裂。这种谨小慎微是体制造成的。谈到病人不可能治愈，却还一直接受治疗时，G医生也认为很可怕。但他说："这就是体制，我们都身在体制中！"癌症患者的惯性思维就是接受治疗，祈祷好运。医生本是帮助病人的，只有医生知道该怎么做。很多医生心里知道答案，却把病人推来推去："去做这个检查"，"去见我的同事"，"我推荐你去看这个专家"……

我身边很多人都喊着："至少还有奇迹！"似乎这样才能安心。没人愿意相信我这么快就要死了，没人愿意承认长在我大脑里的6个瘤会将我击垮。甚至我的编辑，我在这场战斗中的代言人，也断言我还能活两年。要是上帝能听见她说的话就好了！

不可能奇迹般地康复。我得的不是白血病，不会匪夷所思地活下来。就算点上千支蜡烛、日夜焚香、吟圣诗、唱圣歌、协调七轮、在哭墙下祈祷，我也不可能走出绝境。

不过，人们的关心让我感动。真心总是可贵的。和一个患了绝症的人说话，太难了！人们总是担心应对不当，只好不断地表达自己的同情。以前，我去看重病的朋友，也不知道该说些什么，字斟句酌，反复琢磨。如果你去看一个人，他看着你，跟你说："你知道吗，我得了绝症。"这时候的确让人不知所措。

该说些什么呢?

疾病让我结交了一些朋友，也让我失去了一些朋友。他们怕自己不知所措，不知该如何面对我。

我觉得有必要告诉我的亲朋好友："这是我们最后一次相见了。"但是他们大都装作不相信或者以为我夸大其辞。我身边很多人像播录音似的，一再对我说："你看，玛丽，最后也没你想得那么糟！"

我想到了贝特朗的妹妹安娜和她丈夫一起来看我的情形。我很喜欢安娜，我们年纪相仿，志趣相投。从我生病以后，她就定期探访我。对此，我很感激。9月初的一个午后，他们从安纳西湖回到索勒斯来看我。天气很好，我们在室外用餐，若无其事地谈起我们的孩子、孩子们的前途、我们的假期，和以往的聚会没什么两样。我几乎忘了自己是个病人。只是离别的时刻令人不忍回顾。我告诉他们：“我们不会再见面了。”安娜和她丈夫静默无言，眼泪却流了下来。然后，安娜突然激动地抱紧了我。

很多朋友来看我，最后都如此告别。看到家人和朋友，我高兴，却又心碎。不过，和人交往，更糟糕的是冷漠。

比冷漠更糟的是，我的问题从来得不到回应。比如我的妈妈，我不想她来看我，于是假装自己不想再见人。我难以忍受她每次都痛哭“我们的厄运”，哀叹自身的不幸，最后历数家里种种伤心的往事……够了，妈妈！医生告诉我，我现在不能受刺激，否则癫痫会发作。

可是，我还是愿意有情感上的刺激。

我最不能原谅母亲的，也让我最痛苦的，是她多年来瞒着我外婆还在世的消息。我以为外婆在我出生时就过世了，事实上到我 22 岁时，她才去世。外婆到底做了什么可怕的事，妈妈为何不让我见她？这个秘密带给我的折磨，更甚于我父亲的家人在集中营里惨死。在我心里，外婆是无可替代的，我本可以在她膝下承欢！

我希望在我咽下最后一口气之前，母亲能告诉我答案。这个秘密像另一种绝症，一点点掏空我的心。

是不是永远没有人能回答我的问题？这世上是不是真的没有人能从啃噬大脑的肿瘤中活下来？我在医书中寻找有关幸存者的记载。几无所获！只有极少的几个钙化瘤的病例（10 个指头都数得过来），而且只涉及到肾癌。

贝特朗按：

玛丽一直以为自己活不过夏天。她很珍惜状态还算不错的那几周。她说，以后的生命会毫无趣味可言。每个人都有自己的极限。我们何时会崩溃？生病期间，玛丽拓展了她的极限。最初，她只想尽快离开。要走过重重困境，要忍受头痛欲裂，对她来说，难以想象。可最后，我们仍然在一起，争分夺秒地生活。

曾有好几个月，我只吃止痛药，接受顺势疗法。

像我这样脑子里长了6颗葡萄大小肿瘤的人，只靠小剂量的药物抑制疼痛，你们可能会觉得难以置信。其实，效果胜过大剂量止痛药的只有吗啡。但它的副作用特别强：便秘、恶心、呕吐、晕眩、窒息、举止失常……

至于顺势疗法，感觉还不错。尽管G医生告诉我："它们的功效毋庸置疑，但你要知道，它们没法治疗严重的疾病。"

我也拒绝服用G医生开的安定药。它们或许可以缓解我的恐惧，延长癫痫和痉挛的发作间隙。但是能维持多少时间呢？从四分之一加到一小条，从一小条加到一盒。再接下来我得服食什么药物？我只能坐等死亡的征兆，吞咽五颜六色的"药丸上的幸福"。

贝特朗按：

历数玛丽这6个月所受的苦，我得说，除去最后几周，其余痛苦并非不可忍受。当然，痛是不可避免的，特别是初醒时因大脑肿瘤挤压而产生的疼痛。之后，会好一点。她还有间歇性的头痛，痛得很厉害，时断时续。她会服些止痛药，不知道是否真的有用。因为3分钟之后疼痛突然消失了。只是这3分钟如同好几个小时。

写下这些的时候，我感觉玛丽握着我的手，对我说：“贝特朗，你太夸张了！”

我害怕所有损害智力的药物。有时，我似乎很平静，但其实表里不一。我更害怕的是，腿一天比一天疼，坐轮椅只是开始。每念及此，我就心灰意冷。这都写在我的脸上。我的目光一转，整个人就变了样。

我可能的生命结局是一场豪赌，非赢即输。最后一次见G医生的时候，他提到，我很有可能会癫痫发作，全身麻痹，无药可医。只要想到自己躺在床上一动不能动，我就受不了。噩梦还在继续。

我决定尽可能周密地安排接受安乐死，尽管这将是一项大工程。安乐死如突现人间的天使，从烈焰灼烧中拯救油尽灯枯的躯体。

美国医院的放射科医生对我说：“您让我们看到了勇气的力量。”

我回答：“不，真正了不起的是那些承受治疗之痛的人。只是他们真的知道自己在做什么吗？”

喜剧演员夏洛特·瓦朗德雷曾打电话给我：“您的故事让我震惊，您真勇敢，我很佩服。”她也是个勇敢的人，心脏被各种治疗毁了，做完换心手术之后继续生活。

我同样很佩服她！因17岁时血清检验呈阳性，她成为最早披露自身疾病的人之一。2005年，她出版了《血中之爱》。

我拒服无用的、延长痛苦的药物，我也排斥不当的治疗。一定要慎用吗啡！生命最后，痛到极致时，考虑到病人的社会地位、决策权，也为了拖延时间，方便医护人员商讨病情，医生总是开吗啡。

两年前，我曾用过吗啡，因此了解它的副作用。世上没人受得了。一旦滥用或过量，临终前如置身地狱，眼前所见恍惚如幻觉。我深信，医学伦理绝不会体现为给生命垂危的病人服食毒品。

亲身体验过吗啡的副作用后，我想问，让生命垂危的病人多撑几天到底好在哪里？病人死亡的原因到底是什么？是绝症还是过量的吗啡？镇静药是“双刃剑”，它能缓解症状，也会加重病情。法国的临终体系最终堕落为隐秘的谋杀。疯狂战胜了理性。

时间允许的话，我还想写几篇文章揭露这一体系，若能抛砖引玉就更好了！我时日无多，还得花所剩无几的时间去远方寻找死亡的方法，就像寻找传说中的圣杯。法国终将不是我的长眠之地。

我一向很尊重医生这个职业。所以我觉得不可思议，为什么医生们的价值观会截然不同。大部分医生是“开药方的机器”，如癌症专家、肿瘤专家一头扎进化学分子式和医学记录里，乐此不疲。还有一些医生更仁慈、更有爱心，每天跟进病人的痛苦。

我不相信，大多数医生会不知道，他们让绝症病人接受繁重的治疗，其实毫无用处。我也不理解为什么医生不告诉病人实情，反而鼓吹不切实际的康复。

“我们会治好你的！”这种话我听了无数遍！在法国，从没有一个医生当面告诉我，我的病是治不好的。他们总让我接受治疗。当告诉他们我不接受任何治疗时，有些医生觉得我疯了。

还有些医生，更善解人意、更友好。最近一位风湿病专家就向我吐露：“我完全理解你，换作是我，也会这么做。”G医生也承认，很多医生如果得了我这样的病也会拒绝治疗。就连我的牙医（一个顽固的老头）也赞同我的想法。他双眼望天，对我说：“在医院里度过生命最后的时光，惨不忍睹！”

他们的话让我颇感安慰。角色互换，病人变成了医生，医生变成了病人。坦诚的对话，即便是痛苦的，也能让我聊以解怀。因为，我们最终心灵相通。

对无望的抢救与化疗说“不”

L'ACHARNEMENT THÉRAPEUTIQUE
ET LA CHIMIO, C'EST ENCORE NON !

……医生看都不看躺在床上的病人，直接抛给他们一大堆不知所云的医学词汇。可怜的病人也不敢问，怕惹恼医生。这位医生隐藏住内心对死亡的恐惧，眉头也不皱地说出最后的判决，做出不当的治疗。他败坏了科学的名声……

——皮埃尔·德普洛基

人们很难接受死亡，无论是自己的还是他人的。为了痊愈，他们什么都愿意做。求生的本能压倒了所谓“最后的审判”。他们不假思索，完全听从医生安排。为什么我没有这种狂热的求生欲望？是怕痛还是看透了治疗的真相？和大部分走到生命尽头的癌症患者不同，任凭医生说得多好，提出多少医治的方案，我都不相信。新疗法总是具有“革新性”，伽马射线也好，其他射线也好，它们发出的辐射如同还在试验中的炮弹，后果不明。

对医生来说，虚弱的病人是很容易掌控的。他们对药一无所知，如信徒一样对医生言听计从。在肿瘤还没有撑破大脑时，推荐病人去做化疗，自然是轻而易举的事！

在犹太城医院，我发现医生居然让我的朋友做了20多项胸口活体组织检查，而不是让她接受PET扫描——一种无痛成像技术，可以检测出体内可能存在的肿瘤。那些学过活体组织检查的医师是不是能说清自己的职责？

在癌症问题上，所有的专家都严阵以待，不停重申：“我们已做过相关手术，你的病会好的。”

此外，癌症会给医药企业带来丰厚的收益。一次化疗就得花数千欧元。想想，数千癌症病患每人做一次化疗，是多少钱？一位俄罗斯太太，没有医疗保险，她告诉我："我6年前来法国，存了15万欧元，现在分文不剩。他们一直骗我，我受了很多苦。"到现在，被折磨得筋疲力尽，生命将走到终点时，她却没钱请保姆。亨利·若耶教授[①]就说过：

> 如今，隐瞒真相完全是为了获取巨额利润。超过三分之二的化疗都是值得质疑的，是无用的。癌症越来越多的一大原因是，癌症被发现得越来越早，但我们对它的掌控并不像说得那么好。即使做化疗也没用。它的功效被医生和实验室无限夸大了。最后的结果就是：癌细胞仍然存在。

① 外科医生，消化科主任，蒙彼利埃癌症中心会长。

乔治·马特教授，肿瘤学与血液学的领军人物、法国国家医学与健康研究院创始人之一，甚至直言不讳地称："只有远离癌症中心的病患，才有机会活下来。有朝一日，我得了癌症，我不会去癌症中心。我绝不接受任何传统治癌诊所的治疗。"①

最初，出于爱，也是怀抱一线希望，我的家人都劝我接受治疗。似乎我既不去化疗也不去照射线，就是彻底认命。他们很难接受。可是，我不愿意。毫无疑问，药物和射线会令我形容枯槁，会蚕食我的希望，让我慢慢不能吃、不能走、不能思考！

我曾做过医药记者，因此能读出医生的未尽之言。为了研究我的病情，我翻遍各个国家的相关书籍与论文。有搜寻就有收获，关于我的病情，一些教授的意见一致：我将出现严重的恶心、变得消瘦、身体虚弱、失去秀发……

我持续不断地读书，坚持不懈地一页页读。论文

---

① 《快讯》，1985 年 10 月 4 日。

也证实了我的推论。阿尔贝·布哈维曼教授说："数不清的癌症专家推崇化疗，即便治愈肿瘤的希望渺茫，也不改其乐观态度。"该言论出现于1990年代，至今仍有重要价值。我们知道，现在癌症是死亡率最高的疾病，就在今年又新增35万病例。尽管医学进步了，癌症死亡率仍逐年上升。

这是否意味着化疗不是救人而是致人于死地？在法国有多少癌症患者死于化疗？一些专家认为用化疗延长病患生命是一种幻想。相反，如果使用PET扫描或其他方法，肿瘤会奇迹般减少，有些甚至会完全消失。棘手的是，过几个月大部分癌细胞会再出现，有时还会扩散到其他部位甚至全身。

疾病缠身、极其虚弱的身体怎么能抵抗那些含有剧毒的药品？在杀死坏细胞的同时，也会杀死健康的细胞。已有专家指出，实际上，能康复的病人不管是否接受治疗，最终都会康复。

在法国，如果算上拒绝接受治疗的病人、因患癌症而自杀的病人，以及癌症末期前意外死亡的病人，十个死者中有两个是死于癌症。如有疑义，你可以看看官方的流行病通报："病人可能死于其他原因。在医学死亡证明中很少提到癌症之类的慢性病。即便有，也不会被认作死亡的第一原因。"

1980 年，法国癌症病例为 160000。到 2000 年增至 278000。增长速度之快可见一斑。死亡人数也增加了 16%。在 35—64 岁的人群中，癌症以绝对的优势成为最致命的疾病。[①]

像我这样，如果服用皮质酮，会导致心脏病突发。我的死亡证明上会写道：死于心脏病发作。事实上，再过几周或一个月，我会死于癌症。

所以，我坚持拒绝治疗。我不想各种感染破坏我的红、白细胞，也不想各种化疗伤害我的脊髓。我不想感染肺炎，也不想出现肾、心脏、神经、肝、消化系统的并发症。我不想因服食药物而导致重听、失去记忆、说话含糊不清！

① 来源：世界癌症研究基金会。

可是，我感觉到体内的力量正在一点点流失，我开始变得虚弱。常有气无力，难以站立；精神疲惫，动不动就陷入沉睡，然后又神奇地醒过来；头痛不时袭来，如海浪般时涨时消；行动不便，大腿肌肉因缺乏锻炼渐渐萎缩。我甚至无法忍受噪音，无法忍受身边有太多人，整个人极度烦躁！

我也感觉到身体的某些部位被脑神经玩得团团转，逐渐失常。肿瘤较大的左半脑已经紊乱，它传递给我的感觉常常是错的。我的右腿和胳膊被它毁了，变得松软无力。我体内似乎有灼热的电流通过，经常不停地颤抖。我的嗅觉也变了，持续一个多月，我总是闻到类似烧焦的味道或是氨气的味道——一种难以形容的气味，但让人特别不舒服。

我不知道一切将停在何处。现在我还保有思考力，还能制定无法完成的计划，还能做研究，敲键盘。

写作 ÉCRIRE

书的生命力胜过少女。

——《纳博科夫文集》(第一卷)

有人猜我写作是为了驱除心魔，自叙经历对我来说是一种精神治疗。有不少朋友对我说："写作是很好的排解方法！"我听了，很反感。事实上，只有为安乐死做准备，才能减轻我的痛苦。

为我自己写作？当然不是。日日夜夜被病痛折磨时，写作是异常艰难的行为，它并不会让我好受些。贝特朗也总是这样劝我，他有时甚至希望我停止写作。

从这本书里我会得到什么样的满足？我不能做广告，回答媒体提问，为我的言论呐喊。我只希望在我死后，有人倾听我的心声，若有所感，那我于愿足矣。我说的话能被听见吗？我想象，迷人、神秘的《嘉人》（*Marie Claire*）杂志上写着，一个 50 多岁的女人患了绝症，她找到了力量，控诉不人道的体制让即将死去的病人深陷其中，不得解脱！我想象自己在杂志上占了 4 页篇幅，我祈祷记者们不会把我写得悲惨凄凉。

我也希望记者们不要一味窥探隐私。有一次我接受了一位女士为时 3 个钟头的采访，她问的一些问题相当失礼。比如：您整日哭泣吗？您最后一次哭是在哪儿？在什么地方？您总是和丈夫睡在一起吗？

凄风苦雨、催人泪下的文章不会引人深思。不是曾经有文章报道过樊尚·安倍尔、尚塔尔·赛比尔以及其他一些不幸的病患不堪忍受折磨，恳求实施安乐死吗？ 10 年过去了，这些报道开花结果了吗？同行们，转个身，换个角度吧！

我不是实验室里的动物

JE NE SUIS PAS
UNE BÊTE DE LABORATOIRE

病人死于药的强效。

——社会保险笑话集

我的朋友雅克患了睾丸癌，勇敢地接受了化疗。手术“成功”几个月之后，新的诊断下来了：骨癌！骨癌，他能挺过去吗？

我和雅克同病相怜，时常见面。每次我都劝他理智点，不要盲目相信肿瘤专家，虚掷所剩无几的时光。我对他说：“雅克，你要知道，你也可能死于治疗。”但一点儿用也没有，他完全听不进去。

相反，他坚持服用温和的药物，还是一个素食主义者。我很难理解他，即使有时候我也服用像姜黄这样的天然药物。它的消炎性已经很低了，可我还是不幸地感觉到胃在灼烧!

大部分医生都说，接不接受治疗是每个人自己的选择。对这种老生常谈，我们还能说什么？医生也常常告诉病人："您要知道，每个人的情况都不一样。"为了不让病人绝望，医生说了又说。

让我安静一会儿吧！我身边已有太多人受过这样的苦，其中不乏公众人物。比如2009年，27岁的宝莱坞女星丽莎·雷罹患多发性骨髓瘤，一种难以治愈的癌症。她仍抱有希望，因为"她相信新的医疗技术"。曾成功演绎过《辣身舞》的好莱坞著名影星帕特里克·斯威兹，2008年罹患胰腺癌，2009年去世，终年57岁。

读读在病人间流传的科学著作和声名赫赫的"随机样本研究"（把病人分成不同的组，抽签选出病人），我不由得吃惊。这些病人有的状况还不错，有的服用镇定剂。结果，肿瘤消退只是一个传说。好一点，病人能多活几周。我时常回想起，在比利时的一间候诊厅里，有位癌病患者声嘶力竭地喊叫：“要是不能保证百分之百成功，那就算了！”

雅克的病情恶化了。上周日，他来索勒斯看我。他瘦了10公斤，裤子空荡荡的。他多次注射顺氨氯铂，身体各个部位出现不良反应：听觉（耳鸣）、血液、胃肠（厌食、恶心、呕吐）、神经等。他虚弱不堪，体内的红细胞直线下降，而且不能进食，因为口腔和消化系统被焚烧全身的细菌感染。也许，再过不久，他会失聪？他的记忆也开始出现空白，四肢麻痹，运动机能衰退，走不了路是迟早的事。

最后一次问诊时，医生建议他暂停治疗。太好了！他终于可以安安静静度3个月假了，当然，过后还要接着治病，甚至做别的手术。可医生会怎么说呢？这是他自己的选择。

雅克并不是唯一有这种遭遇的人。看看研究所和研究中心里的病患。所有人的头都秃了，个个骨瘦如柴，坐在轮椅上；脸色发青，形似幽灵；手里拿着碗四处走，随时准备翻肠倒胃地呕吐。过道里排着长队，病患鱼贯而入，接受检查。正如G医生所说，“不停地轮回，这就是体制。”

在候诊室里，我好几次感觉自己像在小黑屋里等死。我想到最后一次见比利时癌病专家B博士的情形。他和大多数医生一样，死守教条。如果无效，就重新钻研医书，试验其他方法。他以科学的名义做实验！他说话时，我左耳进右耳出，有时还是会生气。我非常清楚我的病情正在一步步恶化。

既然吃药没有用，那要怎样摆脱这恐怖的疾病？做手术是不是希望大点？医生医术再高明，做手术也好不到哪儿去。吕西安·伊斯拉埃尔在《今日癌症》一书中写道：“手术无法治愈癌症，从这个惊人的事实就可看出：20%动过手术的病人死于原症复发，80%死于癌细胞转移。”

假如数据可信，我们是不是能认为在某些情况下，动手术延缓了病人的死亡时间？或者恰恰相反，动手术导致人体组织紊乱，助长了癌细胞的扩散？就我所知，的确存在这种风险！

医学总是会提出各种解决方案或难题。我试图探寻人类科学的奥秘，可惜没有什么药物，也没有什么手术能扭转我悲惨的命运。因此，我不会像其他绝症病患那样，接受“最后的福音”——手术。

娜塔莎刚给我打过电话。她还躺在医院的病床上动弹不得。化疗半个月后，她彻底被摧毁了。脑瘤长到了致命的 5 公分，而且发炎了，肿得像橙子。皮质酮的剂量从 0 毫克（医生 7 月末忘了给她开药）激增到 200 毫克。医生不仅做了大量无望的救治，下周还要给她动手术！

我很担心她。她吃尽苦头，却只是和幻影作战。我再次劝她不要做那些没完没了的手术！我不禁问自己，巴黎这家大医院能不能不要一个劲儿盯着钱看。

娜塔莎常对我说，她已经意识到，医疗领域充斥着利益追求。和乳腺癌奋战几个月后，再和肺癌斗争。动手术，再动手术，数不清的化疗，她什么方法都试了，什么苦都吃了。可是，苦难还没有结束。医生居然让她接受钴放射手术——伽马刀。该技术刚引进到巴黎，据说有“革新意义”。1967 年，它由一位瑞典医生首创，在美国应用了 20 年，在比利时应用了 10 年。尽管这样，娜塔莎仍把它当做“新的曙光”。一次手术后，病情依然没有起色！她的肿瘤大了两倍。现在，她开始抱怨头疼得更厉害，而且恶心、晕眩。

更令我愤怒的是，她的医生准备让她接受一种新的化疗。而我们都知道，这是不可能成功的。正如 G 医生所说，她身在轮回之中，永无出路。

当然，很多医生也建议过我接受这项治疗……

贝特朗按：

我认为，玛丽不接受放射治疗，也不接受化疗是有道理的。这些治疗并不能让她病情好转。不过，现在的问题是，我们得搞清楚伽马刀是否能去除她身上的肿瘤。在法国这项技术才刚起步，我们专程去布鲁塞尔找该领域最有名的专家咨询。专家告诉玛丽他能为她做手术，但肿瘤会再生。他说："我不能切除全部的肿瘤，因为有的肿瘤位置很不好。此外，手术要求非常精准。清除得不彻底就起不到作用；清除过多，则可能致残……可能为您争取几个月时间，也可能争取不了。您还可能大脑受损……"

听到这些，玛丽拒绝了。

至少有 5 个以上的医生向我鼓吹伽马刀的好处。它能射出 201 条高剂量钴 60 的伽马射线，能瞄准肿瘤，各个击碎。我不太明白他们为什么要让我做这个手术，因为肿瘤注定会增大，会反弹，会造出新的肿瘤。比利时一位擅长放射疗法的外科医生曾坦言，其实完全没希望。基于此，我不要做所谓的"伽马人"，不要整整 10 个小时，头上罩个铁盔，四边被头架固定不动，关在圆柱里，眼睛一眨不眨，然后躺在阴森的手术间，清醒地听医生做定位分析，将头盔连到可怕的射线机上。这完全超过了我的承受能力！

即便伽马刀能延缓我的死亡时间，这个野蛮的手术我还得做多少次？是不是我余下的生命只能头罩铁盔，在黑暗的隧道中度过？我的身体又能承受多久？

不，我不是实验室里的动物，我生来不是为了丰富可行性研究！娜塔莎正好相反，她什么都接受，她以微不可闻的声音告诉我，为了活下去，她什么都会尝试。她是无懈可击的病人，是穿着白大褂的“杂货店老板们”理想的信徒。

您肺里有一块阴影

«VOUS AVEZ UNE TACHE... »

当残酷的死亡不由分说带我到这冰冷之地，亲爱的，请你采一朵花，放于墓前。

——我的外祖母杰娜·莫泽松，

1917年写于去世前

一切始于2009年。我的鼻子几周持续出血，圣诞节前几天，我到美国医院耳鼻喉科做常规检查。

检查结果相当好。

医生问我：“您抽烟吗？”

“抽。”

“简直不敢相信，您的喉咙像新生儿一样娇嫩。不过，您的鼻膜有点发炎。鉴于您也抽烟，去照个X光，检查下肺部吧。”

我拿着单子，穿过人流不息的走道，很快到了放射科。等了不到5分钟，正面、侧面扫过几道光。医生生硬地说：“您的右肺有个2公分左右的阴影，最好尽快做个扫描，确认它的属性。”

说时，带着抱歉的表情。

我呢，只想着尽快摆脱检查这个苦差事……好吧，我已经察觉到这几天确实累得反常。一天晚上，我从海边开车回家，开到一段上坡路时，突然觉得疼得够呛。

最初的症状——喉咙和鼻子出血，让我觉得不妙，也许这就是身患重病的直觉。半夜醒来时，我全身都湿透了；疲劳不时袭来，毫无征兆，四肢和背也隐隐作痛。可是，为什么会出血？疲劳是因为我没日没夜地修缮公园和城堡？

我没多想，拿着检查结果，快步走向电梯，穿过地下的核磁共振室，一路上想着又去德国开会的贝特朗。我很不安，如果他陪在身边，我会安心点。

我只是鼻子出血，现在却躺在核磁共振的床上，人固定在巨形圆柱下，体内输着造影剂。裁决像铡刀一样从我头顶落下。医生是个冷血的金发美女，她对我说："您体内的阴影轮廓清晰，已经渗进了肺组织，这意味着……"

"意味着什么？"

"您得了肺癌。您要赶快想办法。"

"肺癌！您确定？会不会只是肺结核或体内进了异物？"

"不，就是癌症。我找肺科医生过来，跟进您的病情。"

说完，她就"噔、噔、噔"走了。

我彻底崩溃了，像孩子一样大哭，泪如雨下。我想我就要死了，更惨的是，我还要受很多苦……

门开了，T医生走进来，他个子矮矮的，声音嘶哑，不讨人喜欢，甚至让人很厌烦。我们去了他的办公室。他确认我得了肺癌，让我立刻去见外科医生，说这是我唯一的机会。在他看来，肿瘤轮廓分明，位置很好，可以动手术切除。会谈结束。没有一句多余的话，也不带一丝微笑。我面色苍白，脚步虚浮，像踩在棉花上，穿过走道，走出医院。

这时，手机响了。是让－伊夫，我的朋友，我约了他今晚一起吃饭。我得找什么借口取消约会呢？我说话的声音一直抖，用尽可能正常的语气告诉他，我在医院，晚点再和他解释。然而，挂电话前，我情不自禁地哽咽了……

我失了魂似的走到医院停车场取车，用最快的速度冲回家，躲进房间，想要止住啜泣。手机铃声响了，把我从各种病态的想法中唤醒。是贝特朗。我抽噎着，说话时断时续，吐词不清，语速飞快，他完全不明白发生了什么事。最后，我平静下来，告诉他实情。我感觉他惊呆了。他竭力用温柔的话语安抚我，不断改变说话的语气，可是，强烈的感情无法用言语表达。他告诉我他会坐明天最早的航班回来。当然，我们将各自度过不眠之夜。接下来，几乎每一夜都将如此。

我得安排一下日程。找医生研究一下，看看我得去哪里动手术。我一度以为是个温和的手术，了解情况后，才知道它有个高深莫测的名字：胸廓切开术！经历过的人都抱怨术后剧痛，身体虚弱，持续数月不退！事实上，要切除一整片肺叶。

不动手术呢？人们不是常说，得了肺癌，活一天算一天！即使现在医疗手段丰富，20 年来仍然没有更好的治愈癌症的方法。患者平均能活 10 个月，活到 5 年的，不足五分之一。

我见过的专家却还是言之凿凿，说做手术痊愈的机率会大增。假如没有丈夫，没有孩子，我也许不会做手术。

可是，病人永远无法真正主宰自己的身体。医生、家人会影响他，会劝说他接受治疗，即便他疼得要死！我们私心太重，只想把亲人留在身边。

我去见了胸廓手术专家 C 医生。他向我吐露，他生过重病，做过 20 多次手术。这难道能用来劝服他未来的手术对象？接着，他画了张草图，条分缕析整个手术过程。

全是老一套。我一边听他解释，一边天马行空地想象。我仿佛看到自己被钉在手术台上，身体切成两半，胸腔开着，肋骨锯成一条一条！肺从鲜红的肺泡中取出，像肉一样被扔在砧板上，剖开、切割，跟着包好，放回胸腔。最后是缝合，身上留下一条长长的疤痕。

我不知所措地在论坛上咨询。再不起眼的消息也值得采纳。和我交流的人中，有一名患者连着做了两次手术，因为几个月后，另一边的肺出现了转移瘤。转移瘤？名字听起来很奇怪，我隐约预感到体内小小的肿瘤可能会无情地扩散。

我打给他，直奔主题，他也直言不讳地告诉我，术后很痛苦。一连几个月，每时每刻都痛，甚至疼到不能翻身，爬不起来。

我挂上电话，心情坠到谷底。我迟迟下不了决定做手术。我把 X 光片拿给不同的外科医生看，关于诊断，关于风险，他们的意见几乎相差无几。大部分都认为肿瘤的位置很好，我活下来的几率很大。我变成了一串数据。不过，我怀疑他们有所隐瞒。我的肿瘤可能超过了可开刀肿瘤的大小，也可能已经扩散了……

我决定动手术。也许还有别的没这么恐怖的手术？我在网上搜索，发现了胸腔镜手术，从美国引入法国不久。

做这个手术需要一名外科医生、一部电视摄像机和其他一些器械，如套管针等用来分开肋骨。令我安心的是，这个手术只用切三个小口：前胸一个，后背两个。伤疤较小，术后恢复较快，住院时间较短。

我选择了做这项微创手术，但在美国医院还没有人做过。C 医生对我说："风险太大了，肺叶可能会掉落。万一出现这种情况，就得和传统手术一样，打开整个胸腔，把它取出来。癌细胞也可能四处扩散……"

那么，我还得另外找个医生为我做手术。

创伤与毒品

TRAUMATISÉE ET DROGUÉE

吗啡是为保证医生睡得安稳而被发明的。

——萨拉·吉特里，《我的父亲有道理》

写作本章的时候，我遭遇了极大的困难。说真的，我担心自己是否在这篇长文中过度压缩了这次手术经过。随着写作的推进，我愈发怀疑自己是否有理由接受这次手术。难道我也任由自己被医疗机构能彻底治愈我的承诺所左右？在选择看上去唯一可能有点用的治疗技术时，我是否选择了一条智慧的道路？

我在巴黎奥尔良门附近的蒙苏里医院接受其中一

项手术。蒙苏里医院的前厅由巨大的玻璃幕墙环绕，一切看起来井井有条，巴黎某些破旧肮脏的医院完全无法与之相比。

我与著名的胸腔镜析专家 Ph 医生有约。进门后，我艰难地穿过吸烟者组成的人墙，他们恋恋不舍地抽着继续工作前的最后一支烟。自从我戒烟以来，就再也无法忍受烟草的气味，甚至每当遇见吸烟者时，都必须屏住呼吸。我不由地问自己为什么过去能够那么长时间地欣赏烟草，眼前的这一切让我回想起少年时代抽第一口烟时的恶心感，这味道大概也算是为我敲响的警钟吧。

30 年的烟龄，即使烟瘾不算很大，还是有可能对我的身体造成损伤。而这一切，我的眼泪、我的悔恨、我的绝望，唉！根本什么都改变不了。我怎能如此愚蠢地自掘坟墓？

因此，那一天我屏住呼吸走向办公室办理手续。在心肺科等了一会儿后，Ph 医生接待了我们。这是一个瘦弱的男人，满面病容，看起来也很紧张。他开门见山地拿出我在美国医院拍的 X 光片和 CT 片。“我们这里不是私人医院。”他倨傲地说道。说完这些后，他向我介绍他将采用的手术方法：花 5~6 个小时取出右上方的肺叶以及所有淋巴结——很可能回归过去标准的外科手术方式，也就是说他会把手术创口开得较大，以防我的肺叶相互粘连……

看诊结束，没有任何热情或是同情的表示。手术定在两个月后，2010 年 1 月 25 日。他的日程排得密不透风。我们必须在手术前再来见他一次，因为病历里还缺一份检查报告（第二次看诊甚至将比第一次更加昂贵）。

事情进展很快，不久住院接受手术的日子就到了。我的房间十分整洁，有一扇大玻璃窗朝向医院屋顶，所谓屋顶其实是一块从早到晚都有警卫巡逻的水泥天台，以防某些精神病人出逃，因为我们的位置离精神科病房很近。

一位护工在病房内等我，她热情地迎接我、鼓励我，然后告辞离开……

接待访客的时间即将结束，贝特朗穿上大衣，再一次满怀爱意地拥抱了我。最后一次？恐惧令我的肌肉紧绷。我的心阵阵发紧，现在只能独自面对慌乱，这个小病房突然在我眼中变得既肮脏又不起眼。我像个机器人似的，穿上放在病床上的浅蓝色棉质病号服。这一刻，我真想立刻从这里逃走，消失，尽全力跑出去不要再回来。

一个护士忽然现身，他递给我一大瓶碘酒。

“夫人，”他命令我道，“您必须彻底清洗全身与头发，把妆卸掉。还有，要好好擦洗！”

“我的头发今天早晨刚刚洗过，”我试图向他解释，“还有，手术时头发不是都应该塞入松紧帽的吗？”

“这是规定。我一会儿来看您。”

规定！但我希望自己能在手术后发型整齐地见到亲友！

医院无所不包，它是一切正反事物的王国。我在拉里波斯埃医院的重症监护病房里对此已深有体会，我的兄弟米歇尔曾在那里昏迷了好几个月。探访者必须彻底脱去全身的衣服，穿戴上难看的衬衣、袜子、帽子；唯一的问题是每周都有大批的学生什么都不换就进来参观！避免感染的规定，最后并没有得到遵守。

我用著名的碘酒细心地擦洗身体，然后又开始吹干头发。回到病房后，药物已准备就绪，其中有一种安定药需提前服用：两丸 200 毫克的药片，药效可以持续到明天早晨。我对这种自己曾花了差不多一周时间测试过的药片印象很糟。我连小手指都无法活动！因此我觉得只吃一片便足够了。

“我只有 50 公斤，总不能服用和 85 公斤的大个子同样的剂量！”我对护士说道。

“这是规定的程序，夫人，”他用干巴巴的声音回答我，“如果您不接受的话，我会告诉医生的。”

2011 年 1 月 25 日，我 7 点起床。方向手术室，噩梦的开始。注射过半支安他乐抗过敏剂后，我被推向手术室。我一直望着天花板上剥落的涂料、积累的灰尘、几只苍蝇的尸体、电线、管道。我经过地下室，然后被推进一个房间，房里有一位手术后等待苏醒的病友，他呼吸粗重，正在咯血。

没有人陪着他。没有任何安慰的话语，和我一样他只能听到仪器的哔哔声以及来来往往、对我们视而不见的护士们的高跟鞋声。

被一个看不见的（也不说话的）男人推着，我的病床又一次踏上疯狂的征程，所经过之处两边都是相隔的手术室；给我留下深刻印象的是医院这层楼的空间之大，大得令人窒息。最终，旅程在一扇金属门前终止了，然后我一下子来到挤满医护人员的手术室中。

我徒劳地想盯着某个地方看。主刀医生还未来，他总和明星一样在最后一刻才出现，不看我也不和我说话。突然间，几双强壮的手臂将我抬上手术台。手术室中弥漫着紧张的气氛，马上就有大动作了！当我开始啜泣时，一个男人俯身擦去我的眼泪。“别担心，一切都会过去的，夫人。别担心……”他靠近我的嘴唇，温柔地重复道，好像要吻我。

然后是氧气面罩、麻醉针……下午3点，我在自己房中醒来，贝特朗陪在我身边。他神色忧虑，毫不掩饰。我面色苍白得很，他一度以为手术失败了。而我，脑袋浑浑噩噩，麻醉的药效还没有过去，半昏迷的我被困在病床的栏杆之间，胸口和背部留着手术留下的创口，好像刚刚被子弹打中的样子。

下午5点，我的主刀医生瞪大眼睛风风火火地带着他的护士和实习医生团队冲进我的病房。贝特朗向他询问手术的进展，他根本不屑回答，随后态度恶劣地冲他说："好了，手术完全按照预期进行，的确是癌症，现在可以确定了。"接着他又补充说："我要声明一点……要是我事先知道她曾拒绝按照处方服药，我就不会给她动手术了。"

贝特朗听得一头雾水。

"我不明白！"他回答说，"玛丽今天早晨还告诉过我她是吃了药的。"

（事实上只是一种简单的安定药。最后我吃了3片药中的两片。）

"是的，但是护士根本没有时间解释。必须服从命令，就是这样。另外，我应该帮您看过两次诊，然后……您还对我的职业生涯做了调查……"

贝特朗和我确实就胸透这方面做过咨询。

"够了！下一次，谁让你们来这里，你们就回谁那里去！这病很棘手，手术难度也很大，没有讨论的余地！再见！"

接着他踢踢踏踏地走出去，没有和我们说关于手术进展的情况哪怕一个字。

贝特朗按：

医生把她对待专家的批判性想法当成一种盲目的任性，这令玛丽极为震惊。而她在脑海中搜索比较专家、治疗方案的态度和做法让一些医生失去了往常的冷静。

晚上当玛丽醒来时，她告诉我她都听见了。医生的话让她很受伤，到死也不能忘记。如果联系到肺部手术不太客观的具体情况，主刀医生刚刚说的话令人十分震惊。这正是玛丽想要逃避的：延迟死亡的治疗、“体制”的地狱以及某些人无人性的表现。

你们能够想象主治医生出言侮辱他刚刚为之实施手术的病人吗？难以想象！更糟的是，第二天贝特朗不在时他又重演了前一天的这一幕，那时我的身体极度虚弱完全没有办法向他解释。我感觉十分难受：呕吐，身上插满管子。但他仍对我说出同样的威胁。他成功地让我哭了。

贝特朗按：

玛丽一直害怕主刀医生走进病房的那一刻。“留下来陪我吧，”她对我说，“我没法一个人面对他！”甚至到后来玛丽根本不敢再去见他。

我背部两侧间插着管子，由一段连着排泄袋的导管连接，使我无法动弹，无法翻身，无法坐起，无法去卫生间，也无法入睡。

我感觉自己好像一只翅膀受伤的鸟。病床脚上有一根绳子供我抓住起身，但是由于虚弱和疼痛，我完全无法使用它。

因此我只能任凭心不在焉的护理人员摆布。每天早晨，我必须等上一个多小时，她们才不紧不慢地来帮我吞下完全凉透了的早餐！主刀医生知道这样的治疗服务态度么？或者哪里都一样？我不知道。白天走廊上放肆的笑声、闲言闲语、黄色笑话……都让我无法好好休息。“医院重地，保持安静”？只留下一个问号。

一天，我偶然间听到两个护士站在我大开的病房门前聊天，她们高声谈论某个病人明天就会被抬出去。

我尤其害怕夜晚。每天夜里，每隔两个小时我就会被讲恐怖故事的护士弄醒：白血病人、某个在化疗后骨瘦如柴的病人，她解释说这是因为病人在手术后又复发的缘故。我常常想为什么她还可以在这里工作，或者为什么她还没有把她丈夫吓死……她的唠叨中积聚了世上所有的悲惨、担忧和焦虑。

我还记得有个夜晚护士忘了在我床边放好紧急呼叫铃。惊慌之下，我甚至想到将电视机的声音调到最大来求救。

夜晚，这段无止境的时间，护士们谁都不肯扶我起身上厕所。因为身上连着仪器很麻烦，所以她们只肯在我身下垫上尿盆，并威胁我说要是我不能这样排尿的话就要为我导尿。

夜晚，真正的嘈杂！走廊尽头的喊叫声使我的血液凝固，我右边病房的邻居撕心裂肺地咳嗽着，令人反胃的声音径直穿透病房薄薄的墙壁。这还没算各种仪器和它们永无止尽的哔哔声所构成的噪音地狱。

夜晚，我的病房变成了一个磨坊。有人来检查我身上连的仪器压力是否正常，调整，插上电源，拔下电源，检查我肺部排出物质的成分。同样可怕的是我连续被注射的药物和各种输入血液，它们在我的血管中不断地来来往往，让我头晕脑胀，血液、淋巴，真正意义上的排空，我能够感受到最微小的运动。我再也无法忍受。

这真是所有噩梦的夜晚。我开始使用吗啡，护士们表示鼓励。“如果您觉得痛苦，别再犹豫接受注射吧。”她们一边将吗啡针递给我一边建议道。轻轻一按，就可以打入1毫克的吗啡。

实用但危险。

“不论怎么说，药的剂量是有限的。要是用完了，就用完了！”她们安慰我道。但是事实上我每天都要注射吗啡，而这里总是有源源不断的吗啡供应！

我开始产生可怕的幻觉。起初是一些幻象，某种意义上的精神错乱，我看到许多飞虫侵入我的房间，或者是对面的屋顶上有黑猫从唯一开着的小房间门里进出。更糟糕的是有朦胧的白烟包围着我的房间，就像吸水的棉花，墙体如水汽般步步紧逼扑向我的病床，完全将我吞没。一天接一天，我的症状愈发严重。惊慌失措的我甚至要求病房的门一直开着，以便我被墙挤得窒息时能找到人救我！

于是我决定在为时未晚时，停止使用吗啡。但在停药后，痛苦的日子还是延续了几天才结束。

住院 15 天后，轻微的肺部剥离已经消失，医生决定我可以出院回家。但回家的过程异常艰难。痛苦、极度衰弱，我走路的样子好像一个老人，脸色也很苍白。有时蒙苏里的一位护工前来看我并为我准备午餐，有时我们也会出门。我自己觉得状态很糟，害怕在路上遇到某个熟人，因此我只在天黑之后出门！

3 个月后，我的情况基本好转。

贝特朗按：

2011 年 1 月到 2 月间，玛丽去比莎医院做例行检查。我又一次看到心肺科的专家拿着片子对她说："看，德卢拜夫人，您的肺部完全没有问题。您已经彻底痊愈了！明年再来吧！"

最后一次无忧无虑的聚会

UNE DERNIERE SOIREE INNOCENTE

“只不过是一段糟糕的回忆而已，看看她现在状态多好！”自信满满的医生转身对我丈夫说道，“她已经彻底痊愈了！”的确，从生理上说，我觉得自己和过去一样健康；而情绪上，自然有高有低。我可以从这样的考验中全身而退么？从此以后，我感到如释重负、一身轻松。贝特朗与我，我们对此深信不疑。

那时的我怎会猜到，在发现自己患上肺癌且成功接受手术后，癌细胞还会转移到脑部呢？我不知道20% 肺癌患者的病会很快转移到脑部，剩下的 80% 在 5 年内也难以幸免。因此，不论还剩下多少时间，我的起点都相当糟糕！只剩5年，渴望继续活下去近乎做梦……

甚至在几个月前，我仍然活力充沛，同时主持着好几个项目，游刃有余地经营着自己的装饰公司并修复摇摇欲坠、近300年无人打理的古建筑，整天忙碌但满心欢喜。那时的我甚至可以说是容光焕发，远远不是如今这副憔悴的样子。尽管医生仍礼貌地恭维着我的容貌，但服用皮质酮让我发胖，我现在看起来活像是只仓鼠！

在离开人世之前，除了要写完这本书，我最大的愿望是可以完成城堡内部工程的阶段性收尾工作。我狂热地投身于一大堆板材、胶水、照片、全部房间的内部图纸、装潢方案、家具、照明、墙纸、卫浴之中，细细拣择，连最微不足道的细节也不放过。

我从小时候开始就对历史建筑充满了热情，那时我梦里的建筑大概和索勒斯城堡很相像。奇异的是，我第一次参观它，便有一种似曾相识的感觉，尤其是在穿过大门踏上绿荫掩映的主道时。

啊！我美丽的城堡，我是多么地为你遗憾！我为你奔走呼喊，召唤这栋蕴涵诸多往事的建筑里的隐秘力量，然而一切只是徒劳：我祈求率领十字军东征归来的德鲁·德·梅洛元帅；祈求人鱼仙女；祈求路易十五的护卫官雅克-安芒·德·罗格-德尚皮奈尔——18世纪时，正是他命人建造了这座城堡；祈求玛拉尔·德·拉瓦朗德骑士和安德鲁-亨利·德·菲特-詹姆士——英格兰国王的直系继承人，同时也是这座城堡的旧主人。我祈求他们赐予我力量，助我痊愈。我甚至对自己的疾病也大讲道理——“你们太蠢了，”我对它们说道，“如果你们继续扩散，那么在杀死我的同时也就断了自己的活路。”

一直以来陪伴着我的守护天使难道已经死了么？

有时，我回首过去，总有一些往事令我无法忘怀。就像那让人难忘的4月的一天，就在几个月前，它彻底打乱了我的生活。

那时由于贝特朗已经去了国外，我便组织了一次和女性朋友们的聚餐。一年中总有几次我们会聚在一起，晚会带着某种仪式感，活动的流程几乎成为固定的惯例，大家相谈甚欢，仿佛节日来临。

然而，那天晚上是一次特殊的聚餐。“最后一次无忧无虑的聚会”，就像我的朋友卡特琳娜难过地想起她的日本男朋友太时说的那样，几个月前他因癌症去世。那是一次小范围的聚会，最后一次可以放声大笑、整晚跳舞、认识朋友！参加者有从日本直接来的恭子、昔日的沙滩明星美丽的米歇尔以及运动员卡特琳娜。3 位朋友都正在寻找灵魂的伴侣，她们壮大了 50 岁单身俱乐部的声势，这也是今日我们社会的一道缩影。大家组成了其乐融融的小圈子，没有人能忍住一周不互通消息。

那段时间我也积极地参与排演戏剧，因为，差不多一年以来，戏剧成为了另一项我热衷参与的活动。我从 18 岁起便梦想可以站在舞台上，现在终于可以如愿以偿。那时我决心一定要踏上舞台，在几家戏剧社注册后，我四处奔波约见导演，满怀希望能得到一个演出配角的机会。说这些只是想证明那时的我是多么好动！

我花了好几个月时间练习乔治·费多的《但请别光着身子散步！》中的克拉丽丝一角，本应7月4日那天在巴黎圣马丁门的吉姆那兹剧院公演。这出剧的演出由加拉布鲁负责，他也是我的戏剧课老师。

这次聚会正好赶在开演前，我趁机和朋友们练习了第二天的台词：克拉丽丝和她的丈夫房图的对白，第九幕……

米歇尔陪我练习。我完完全全地投入这个角色之中。在这幕戏中，我需要大喊大叫着冲向丈夫，但排练时我的右腿忽然一软，整个人摔倒在地，我的朋友们急忙赶来扶起我。我的背部有些痛，但总的来说不碍事。几分钟后，我们继续排练。

“最后一次无忧无虑的聚会！”最后的戏剧之夜，随后恐惧便让我的生活天翻地覆。

回到原点
RETOUR À LA CASE DÉPART

真理本已存在。人类发明的只是谎言。

——乔治·布拉克，《日与夜》

接下来的几天，我腿部的情况始终没有好转。一种很奇怪的疼痛，毫无理由。我开始行动不便，上楼时右脚总是习惯性地碰到台阶。尽管如此，我仍坚持穿上高跟鞋。另外，我右手不由自主的蜷缩现象也越来越严重，就像痉挛一样。我的内心开始焦虑，预感有些更严重的事情发生在我身上了。

我在 2011 年 4 月约了风湿科的 S 医生看诊。由于没有发现任何问题，他建议我去美国医院的神经科看看。我在那里认识了“好医生 G”。在为我详细检查并做了反应及敏感测试后，他为我安排了一次脊椎的核磁共振检查，以确保脊髓没有病变。我想最糟糕的就是多发性硬化，再坏一点，是沙尔科病。幸运的是，检查结果呈阴性，G 医生安排我进行了 30 多次身体机能训练，我要再次站起来！出于直觉，我觉得自己的问题出在中枢神经控制上。可能是一次轻微的脑血管事故所致？为了证实这一怀疑，医生又建议我进行一次脑部核磁共振检查。

于是经过在美国医院放射科的一通折腾后，我回到了原点。同样的等候室，但和其他病人一起。一位护士帮我躺在仪器的金属床上，因为我的右腿已基本没有反应了。然后她为我贴上听觉保护膜——厚毡垫制的护耳——用来屏蔽核磁共振的噪音。一顶带小镜子的轻型头盔让我可以看到外面的情形，以便将幽闭恐惧带来的紧张压力降到最低。我听到仪器发出奇怪的声音，踩着它来来回回移动的节奏。

“您现在可以下来了，”护士友善地说道，“您是哪里不舒服呢？”

“腿疼。”

“腿疼？”她重复了一遍我的话。

她的脸色变了，神情看起来很抱歉。

回到等待室后。

“德卢拜太太！”

贝特朗和我走进一个狭小的房间，等待穿黑衣的小个子放射科医生接见我们。

“情况不太好。”医生神情严峻地宣布。

“是脑血管意外么？”

“不，您的大脑有些异常的现象，也许可以解释您行动不便的问题。”

“有肿瘤？”

“是。”

“您确定么？”我问他的声音在颤抖。

“您的脑部有肿瘤，”他低下头看着地面回答说，“很不幸，我们不会弄错的。您知道……我只是放射科的医生，我只能就片子分析……您带着片子去找神经科的同事吧。”

这个消息让贝特朗和我惊呆了。

几个小时后，看到结果的G医生也吓了一大跳！泪眼朦胧的我们跟着他走进检查室。

他向我们证实了这个可怕的消息。更糟糕的是，他告诉我放射科的结果显示我的脑部生有1个肿瘤，但事实上是有3个！而它们正好生在控制我腿部神经的位置上。经过1个小时的诊断，重新阅读放射科的报告后，医生最后诊断的结果更糟——我的肿瘤数从3个变成了6个！

我泪如雨下，告诉好医生G，对我来说一切都完了。我要在演出结束前拉上大幕。我的未来是注定的。没有任何的迟疑，我决定前往比利时接受安乐死，没有什么可以再动摇我的决定。“不，您的情况还没有坏到那个地步。”满脸担忧的医生恳求着说。

幸运的是，我很早就开始未雨绸缪，现在一切已准备就绪。两年前，在接受肺部手术后，我便在为维护死亡尊严的比利时协会注册。我的档案已经在审查中。

避走比利时

LA FUITE EN BELGIQUE

我的样子可能看起来好像是死了，但这不是真的……

——圣-埃克苏佩里，《小王子》

我还记得自己开始去布尔塞尔的博德特癌症研究所咨询的情况。那大约是4个月前的事情，我们从巴黎出发，为了赶上中午前的约会，天还不太亮就动身了。贝特朗从研究所对面的停车场里走出来时，被那一大堆的材料压弯了腰，X光片、CT片、核磁共振报告以及正电子发射层析扫描图。

我艰难地走进大厅，由于晕眩和不听使唤的右腿，步履总是很蹒跚。一个男人热情地迎接了我们，和巴黎医院态度恶劣的工作人员有着天壤之别。在这里只有拐杖和轮椅为它暗示着人生大幕即将合上的氛围。癌症患者人潮汹涌，他们穿着黄绿两色的病号服，身上插着管子，头发稀疏……

早晨的旅行令我疲惫不堪，当贝特朗在热心友善、满面笑容的工作人员帮助下忙着填写各类表格时，我已精疲力竭地倒在医院的长凳上。医院外，大雨不知疲倦地敲打着玻璃窗。那是一个充满着腐败气味的 6 月，泪水和医生、痛楚和心碎，如影随形。我坐在两位头戴彩色头巾的女人之间，一人是因为宗教信仰，而另一人则是为了掩盖化疗带来的脱发现象。和其他病人一样，我们的神情很应景——哭丧着脸（贝特朗有时觉得我是个玩世不恭的人）。

这天，我们和癌症专家 B 先生有约。这里的房间布置很简洁，每个病房前都有一段狭窄的走廊和一排塑胶椅子，30 多位顺从沉默的病人整齐地坐着。贝特朗和我找到两个相邻的座位，我们在一扇复合木板门前等候着，门后坐着看诊的医生。很快轮到我们了，一个穿白大褂的人出现在半开的门缝里，他以几乎机械的动作请我们跟他走。

医生看上去自信满满。他的微笑神闲气定，令人心安；至于我，已经做好准备。他有什么消息要向我宣布？他会不厌其烦地向我重复治疗注意事项之类的套话吗？在我第一次去看诊时，他表现得相当耐心，一桩桩地交待治疗方面的事宜："您应该接受化疗，接受放射疗法，接受'伽马刀'疗法……"离开时，我身心俱疲，情绪低落。

但是这次完全不同。他向我解释为什么化学疗法现在已经不再合适，难道他是变相承认鉴于状况已无法挽回，我没有继续接受治疗的必要？但是，我应该接受放射疗法，对他来说这是绕不开的治疗方法。"当然这可能会引起脱发，但是……可以救您的命……"我告诉他我的情绪很糟！患上癌症，行将就木，此外还要再失去作为女性的魅力？加入秃子、假发或是围巾俱乐部，正是这种可怕疾病的表征之一？

医生坚持己见："您可以多赢得几周甚至几个月的时间！"

"为什么我要让自己更加气馁？"我这样回答他，"'最好的生命终结'又是什么？"

我所祈求的一切，不过是一个美好的收场：身边有亲友陪伴，在我家，在我自己的小天地里离开人世；去海边度假，抓住最后一次机会；或是去乡间听听鸟儿的啼鸣，再一次梦见生命是如此精彩……

"世上最好的医生，是主张控制饮食、心态宁静安乐的医生。"乔纳森·斯威夫特说。

我至今仍记得，当看诊结束时，医生在和我告别之前，特意向我强调道："但是，夫人，您当然还是可以考虑拒绝治疗的。"这真是独一无二的叮嘱！在法国，根本不可能听到这样的话。在比利时，我遇到了另一类医生。

"谢谢，医生，我会好好考虑的。"我的回答略显狼狈。

事实上，我已经深思熟虑。我会提交医疗档案，以求从癌症治疗的魔爪下逃脱，即使这也是一段不屈斗争的经历。

没有什么能令我改变主意，即使我也知道，当那天来临，我需要展现出更多的勇气。

到那一天，会有3针注射等着我，但是一点都不痛苦，就像小王子说的那样："我的样子可能看起来好像是死了，但这不是真的……"

我的安乐死申请

MON DOSSIER EUTHANASIQUE

比利时向我张开双臂。难道我丈夫父母两边的家族都没有比利时血统吗？或者至少有过一段风流韵事？我对比利时人有着莫名的好感，在我眼中他们大多率真又热情。

两年前，在去布鲁塞尔逛古玩集市的间歇，我提交了这份难忘的“安乐死申请”。

然而，找到一位愿意为我提供“平静温和的死亡”的医生却不太容易，并不是所有比利时医生都支持安乐死的。

更令我惊诧的是，为维护死亡尊严而成立的比利时协会并不能为我提供帮助，因为事涉伦理问题、受法律保护的机密性……

大门死死地关上了。此外，我没有比利时国籍，也不在比利时定居。而且，即使我在比利时有些亲友熟人，也不见得可以向他们咨询愿意提供安乐死服务的医生的地址。因此，完全是一个偶然的机会，我在上网搜索时，找到某一位在布尔塞尔市中心诊所（一家天主教机构）挂牌的内科体检专家R教授。

教授在电话里没有表示异议，他明白我的焦虑。（之后我才知道他已亲自为身患癌症无法治愈的妻子实施了安乐死）一下子，我觉得找对了人。一周之后，我去了他的诊所……

这位满头白发的小个子男人热情地迎接了我，向我提了许多问题，帮我检查前细致地在档案里记下对我的各项评分。咨询结束后，我们又一同就我接受安乐死的意愿做了讨论。

他清楚地告诉我必须在布鲁塞尔有一份个人的病情档案，并需要有至少一年一次的看诊经历。尽管我的病已无药可救，尽管接受安乐死完全出于我个人的意愿，但我仍需要证明自己在比利时完全遵照了一切必需的手续。

比利时在 2002 年 9 月正式通过了将安乐死合法化的提案。在这里安乐死被定义为“由第三方执行，在当事人本人要求下实施的主动结束当事人生命的行为”。实施安乐死的医生必须尊重患者个人相关的某些情况（无法忍受的病痛、毫无好转的希望……）以及相应程序（知会患者，向同事咨询……）

这项法律将安乐死的监管程序制度化：任何实施该项服务的医生必须撰写报告，并提交给最高委员会。后者召集医生、法官和伦理学专家开会，监管委员会核实安乐死将在符合法律的条件下被实施。该法律也承认提前申请安乐死的有效性，以保证某些无法口头表示个人意愿，但仍可以书写的患者也能接受安乐死。该项服务因此在法律上应与自然死亡一视同仁。

人人自有奇迹

CHACUN Y VA DE SON MIRACLE

世上有两种看待生命的方式。其一是认为奇迹从未存在过，其二是相信任何事情都是一个奇迹。

——阿尔伯特·爱因斯坦

家人和朋友得知了我的情况。电话响个不停，某种意义上吊唁的预演，滋养着我的恐慌。有些电话留言的语气仿佛来自另一个世界。我好想大声呼喊——我还活着！

所有人都有内部情报。人人都认识和我处境相同的另外某个人！他的情况甚至更糟糕！我应该读读大卫·赛文－薛瑞柏的畅销书《反抗癌症》，作者身患脑癌，50岁去世；我应该增加蔬菜、水果、香草和香料的摄入量；应该遵循素食疗法（也有不建议这么做的，因为不能获取足够的营养）；练习瑜伽（可以帮助减轻痛苦）；沉思；尝试顺势疗法、植物疗法、针灸疗法；咨询偏方郎中或是动物磁疗师（我的上帝！）；用山金车、罗马洋甘菊和薰衣草油按摩；调和我的灵球；吸氧；多吃葡萄（我表姐玛丽－克洛蒂尔的食谱）；去圣－雅克－德－孔博斯特尔朝圣或是去伦敦（为什么不呢？）……

我亲爱的科瑞恩认为水晶岩可以挽救我！她送给我一块鹅蛋大的石头，让我每晚放在枕头下面。因为直接放在脑袋下有点太硬……我没能坚持太久。至于我的朋友米歇尔，和提供其他千百种奇怪偏方的朋友不同，她向我介绍了“低温保存法”，也许我可以藉此平静地等到特效药发明的那天。我自己，我也曾想过这个办法。即使我们可能会因此长眠不醒（“使冷冻人复苏，就等于要相信人们可以用一块汉堡复原一头牛”，亚瑟·洛克斯如是说)，但至少我们去世的时候还带着希望！

如果人人都有他自己的建议，那就是说没有人愿意相信在21世纪的今天其实还不存在有效的癌症治疗方法。因此每个人在安慰我的同时，也在试图摆脱自己的恐惧。

刚得病的时候，我的几个朋友是那么忧虑，经常作出一些在我看来很奇怪的反应。他们的态度咄咄逼人，焦虑有时很容易演化成试图说服他人的狂热。我永远的朋友，吉思兰坚信是我一直盲目地拒绝可能治愈我的某些疗法。她因此变得蛮横无理，固执己见。“别再任性了！”她反复对我说。

随着时间推移，吉思兰慢慢明白并接受我的决定，忧伤取代了她过去的愤怒。将要失去我的忧伤，以及她部分的青春将随着我一同消逝的忧伤。她是那么地渴望我可以永远是她“最好的童年伙伴”！

至于我的女儿，她继续对我说：“照顾好自己，妈妈，别对我们说已经不行了。这不是真的。只要医生还在为你开药，这就说明还有痊愈的机会。”

贝特朗按：

玛丽意识到她伤害了那些指责她“打算撒手不管”的朋友们。“你还能走，你还能说，但你却打算消失了？好好照顾自己”，他们的叮嘱一厢情愿，丝毫不愿意相信世上并不存在治愈癌症的特效药。

我确实直到7月都拒绝服用G先生开的皮质酮。然而不能说我对这样做的后果一无所知。“如果不服用皮质酮，您只剩下几星期的时间，‘星期’一词后面不会有太多的s”，美国医院的医生如是说。这种药物的副作用令我害怕：肿胀、出血……我现在明白它的疗效主要在于减轻肿瘤带来的浮肿，在短期内这已经很了不起而且很有疗效了！

我最后的夙愿

MA DERNIERE ET FERME VOLONTÉ

我兴奋地打电话给在布鲁塞尔跟踪关注我病况的R 教授，只有他可以帮我摆脱这地狱式的螺旋。幸运的是，他那周内就有空与我见面，不过地点改在他家中，因为不久前他刚刚退休，每周的工作时间已减少为几个小时。

他的住所是一栋新艺术风格的两层小楼，坐落于布鲁塞尔一个很精致的街区内。我到那里的时候情况很糟，症状愈发严重：除了持续疼痛的右腿外，右臂开始萎缩，人不断有晕眩感。

我向他解释最近发现的新肿瘤，告诉他我各式各样的痛苦以及新出现的种种症状。我每说一点，他便执笔记下。随后他为我做了全身检查，反应测试、敏感测试、心脏、血压以及平衡感测试。他不知疲倦地在我的医疗档案内记下所有因潜在疾病引起的生理紊乱现象。

教授点头承认我的情况比上次来的时候糟糕多了。他解释说我应该再去医院咨询一些医生的意见，以便建立一份提供治疗建议的档案。当然我有权拒绝接受治疗，但为供评估和判断疾病的不可治愈性以及安乐死的可行性，这一程序仍是必不可少的。而此前我还以为自己可以尽快接受安乐死！我完全弄错了。

“您知道，”他边点头边向我重复第一次见面时说过的话，“接受安乐死并不是轻而易举的事情，还有法律、规章需要遵循。此外，由于您是法国人，所以手续会更加复杂些。这里的医生很害怕广告效应。他们不愿意布尔塞尔成为安乐死之旅的终点站，某种‘**死亡冲动的中心**’。我们也必须确认接受安乐死是出于您个人的意愿，您还得给我们寄一封信申明您的决心，我收到后会将它收入备忘录给医院。”

我当场便给教授写了一封信证明我接受安乐死完全出于坚定自主的个人意愿，但是由于我患病的右手不受控制地剧烈颤抖着，这封信写得异常艰难。在我写信的同时，教授打了几通电话联系布鲁塞尔基准研究院的负责人 L 博士，并为我约定时间开始启动个人医疗档案。

巴黎—布鲁塞尔……布鲁塞尔—巴黎

PARIS-BRUXELLES... BRUXELLES-PARIS

苦涩的知识，这便是我们从旅行中的所得！

——夏尔·波德莱尔，《恶之花》

这是巴黎—布鲁塞尔之间一段漫长往返旅行的开始，从博德特研究所到大广场旅馆：约诊和排队、医生、护士、检查、焦虑还有希望。巴黎—布鲁塞尔—巴黎，我们经历了数十趟这样的旅程。期间饱受痛苦和煎熬，但同时也心怀希望，希望能够在这疯狂的旅程的终点得到接受安乐死的权利，这被我自己的国家所排斥的权利。

我开始每半个月1次奔赴这个低地国家。在旅途中我感到一种难以置信的幸福感，尽管期间我不得不直挺挺地躺上3个小时，并且由于行动不便，停车休息时喝点高速公路服务站的柠檬茶都成了一桩难事。

但是一越过国界线，混合着快乐和轻松的自由空气便扑面而来。“如果有什么意外发生，”我对自己说道，“在这里有值得信赖的人照顾你。”然而，每月乘车完成多次600多公里的旅行仍是一桩复杂的麻烦事，某些时候我忍不住诅咒法国。有时为了赶时间，我们不得不当天往返。

我至今还记得在研究所与主任医生L的第一次约见，R教授强烈建议我把自己那份著名的安乐死申请文件交给他。那是我庆祝生日后的第5天。

L医生是一个50多岁的小个子，满面笑容值得信赖，说话开门见山毫不拐弯抹角。为了不遗漏这次谈话的任何内容，我打开了iphone手机的录音功能。(为保证自己掌握情况的进展，我几乎和所有医生见面时都会录音备份。因此本书中所写到的一切，都基

于最纯粹的事实）

“我知道您为了什么来见我，德卢拜夫人。我就不绕圈子了……”他很直接地开口说道。（我点头同意，很高兴能马上谈到这一关键问题）“首先，如果您希望我们在布鲁塞尔跟踪您的身体状况，您需要和专家见面后接受详细的全身检查。疗法跟踪是必须的……比如说，如果您申请接受安乐死服务，您必须先听取对其他所有可能的治疗方法的介绍，当然您也有权在之后拒绝接受它们。这是我们无法让步的一个要求。”

“从个人的角度说，”他接着说道，“我对您的了解还不够充分。如果您请我今天就为您实施安乐死，我给您的回答一定是不行。我是医生，提供死亡不是我的职责。当然，这原因还并不足以扰乱我的良心和道德观……”

“我只是希望自己在死亡的那天仍保持着人的尊严，能够体面地和亲朋好友告别……”虽然意识到这些程序背后所代表的困难以及需要等待的时间，我仍坚持自己刚刚的要求。

“我完全明白您不希望亲眼看着自己的情况越变越糟，夫人，”医生打断了我的话，“您所患的疾病在治疗上的确很棘手，但是我仍坚持必须按照程序来办。如果您不按章办事的话，您的申请将无法通过！”

在法国，医疗“系统”将你拒之门外；而这里，“程序”为你打开自由的大门。医生们只需向负责执行相关法律的委员会证明病患已知晓各项可能的疗法以及它们将带来的结果即可。

“如果为了确保不在程序上出错，您需要找一位能帮您介绍其他方面专家的癌症专家。但是……您可以不向他说明您希望接受安乐死的事实，”医生用一种自己人的口吻接着说，“尤其不应因此而干扰您的其他约诊。”

这句话里隐含着的信任深深地触动了我。我会“一五一十地”按照他的建议来办。首先，我要预约癌症专家B医生，这种情况并不罕见。

就这样，布鲁塞尔的博德特研究所成为我的希望之家。我每半个月去1次，前后差不多坚持了3个月。我向许许多多的医生、癌症专家以及放射科医生咨询，得到各种无效的治疗意见。我平静地按照例行检查的程序按部就班，这对我而言没有别的用处，除了增加申请安乐死文件的厚度之外。

然而，当我与研究所的医生进行例行公事的看诊时，仍忍不住嚎啕大哭、泪如雨下。医生们无法忍受患者在他们的办公室内哭泣，这让他们变得焦躁不安。在他们看来，除了建议我去看心理医生外，没有更好的法子了！我已咨询过各科医生，现在可全齐了！

每每考虑至此，我倒宁可自己保持这种低落的情绪，因为精神科方面的病理学其实还并不存在。而且我觉得自己可以处理，我仍可以蜷缩在床上，拒绝一切访问，不吃不喝，把所有时间都用在睡觉、呻吟和哭泣上。

那天，当我走出研究所时，我问自己最后我的安乐死申请是否会失败，我陷入了深深的焦虑中。那我会变成什么？我在精神和肉体两方面都已精疲力竭，我的耐心也已耗尽。这种突如其来的恐慌使我再一次迫切地想再见到诊所的主任医生 L。

幸运的是，他在百忙之中仍抽出时间见我。这次见面，这个 50 多岁的男人目光中少了往日的镇定。我看见他钻进看诊的小房间，然后步履蹒跚地走出来，好像一个盲人似的靠着墙……

“我很满意您提交的材料，”医生忽然微笑着对我说，“我觉得材料已经齐全。”

哦，我终于看到了终点！但与此同时，我依旧因为某些事情而深深地忧虑着。还没有人提到我即将接受安乐死。在告诉医生这件事时，我无法不让泪水涌上双眼。这位知心医生的表情看上去难过极了，他沉默片刻，告诉我现在接受安乐死不再有任何问题，即便在发生脑部病变、内出血或昏迷的情况下，我也可以完全信赖他。

“但是，医生，如果我的情况只是不断变坏，生理和精神双重意义上的变坏，如果我觉得这一切无法忍受，那又如何呢？那时我怎样才能让自己接受安乐死？”我乞求着问道。

“出了研究所的大门，这就是不可能的。我是医学方面的专家，因此我不可能在医院以外的地方帮助您。这是法律规定的。”

比利时的法律规定极为严格。在医院以外，实施安乐死时必须有两位医生在场：一位全科医生，一位法医。所以，我是否注定必须等到自己陷入昏迷或是脑部病变发作？但我想避免的恰恰也正是这种结局！我恳求医生设法找到一种更人性化的方法，为我介绍一位愿意替我实施安乐死的全科医生。

听到这个要求，医生打开电脑，随后迟疑片刻转身径直盯着我的眼睛：“我有一位好友兼同事，他也是布鲁塞尔的医生，也许他可以帮助您，您可以向他咨询。”

他在办公桌的一角上写下地址，接着补充道：“您知道，我们无法去法国为您实施安乐死，而如果您来到比利时，我们也无法在酒店内为您实施。您必须在布鲁塞尔有一个固定的住处。”

听到这些我一下子懵了。看来马上接受安乐死的计划已经全无可能。我还得继续等待医生的许可，在这里找到一处公寓。哦，是的，我还没有跑遍这个低地国家呢。

当然，医院这边的问题已经解决，至少可以保证我不会像在法国那样被迫拖延到最后陷入昏迷。但是还有一个关键问题：去见L医生的好友兼同事……

我大声歌唱

JE CHANTE À TUE-TÊTE

希望闪耀，如同马厩中的一茎稻草。

——保尔·魏尔伦，《智慧集》

1周之后，我们再次回到布鲁塞尔。有价值不菲的GPS引路，20分钟后便到达远离市中心的目的地。我困难地挪动到一栋整洁的大楼前，两级台阶阻挡了气喘吁吁的我。贝特朗帮我走上台阶，接着推开直接通往等候大厅的厚重大铁门。

这里很有家的氛围。两张带有异国风情的长木椅供病人休息——一位由母亲陪伴着的患感冒的孩子、一位风湿病患者——另有若干让人浮想联翩的摄影作品以及两尊面容安详的佛像。这是一间全科医生的诊所，就像人们常去的那类社区诊所一样。

我心急如焚，万分紧张地等待着医生的答复。我无法想象自己再跑遍全城的所有诊所。我已精疲力竭。

“德卢拜夫人？”

T 医生是一个面容和善、充满活力的年轻人，胖乎乎的身材说明他常常和伊壁鸠鲁一样享用大餐。他请我们走进堆满文件和医学专著的房间，请我们在他大办公桌的对面落座。他用炽热的目光打量着我，希望读出我心底的想法。由于已经从 L 医生处得知了我的详细状况，他连珠炮似地问了我几个问题：您的症状是什么？您觉得怎么样？您生理病痛的性质？您的焦虑感？我如实回答：我的恐惧，我对失明失语或是一日醒来发现自己瘫痪的害怕，当然还有我希望能避免临终痛苦的愿望！这一切的一切促使我来找他。在我说话的时候，他时不时地点点头。

接着他在看片子和阅读我的病历前，先为我做了一次检查。随着我们的谈话内容逐渐深入，我逐渐感到自己和他越来越贴近，他对我的理解也越来越深。最终，他用温柔的声音告诉我情况的严峻，另外和其他所有比利时医生一样，他也向我证实我已完全没有治愈的机会。

我下定决心一定要说服他，我告诉他法国的情况，这个国家拒绝为渴望安乐死的患者提供任何帮助。一个固步自封的法国。

“无论如何，我已下决定要接受死亡，”我对他说，“决心平静地离开这个世界，让我的亲友也一同分享这荣光。这样他们记忆中的我永远是妻子、是母亲，而不是一个重病缠身的人。在离开世界时仍能做回自己，即使，当然，我本意并不愿意离开我的家人！”

直到此时仍一言未发的贝特朗，眼中已满是泪水。T 医生询问他对现状的看法。他毫不犹疑地回答说，我们正经历着一次可怕的考验，而他永远支持我……

该说的话都已说尽。T医生将带我走出这一困境。他答应我的要求，只要我觉得必要时，就将为我实施安乐死。“别担心，”他对我说，“我们不会不管您的。”

贝特朗按：

6月底、7月初，我们再次见到了他。玛丽告诉他，她已经做完所有的事情。她很清楚地知道自己现在的状况，她没有别的选择。她把拍的片子交给他，这时候，大大出乎我的意料，他只是很简单地回答说：“夫人，我不会不管您的。”

接着这位社区医生拥抱了我们！这是我从来没有遇到过的事情。对他而言，这是一次战斗，为人权而战。与蒙苏里的外科医生相比是多大的反差！

人性与非人性。

我走出诊所。如果可以的话，我好想放声歌唱，好想在大街上奔跑，就像个莽撞的年轻人那样。我好久没有体会过这么快活幸福的感觉了！我高喊道：“我得救了！我得救了！”现在我找到了出路，我的心情从容安详。

贝特朗按：

还有为安乐死所做的更美的辩护吗？当我们路过一家摄影商店时，玛丽对我说：“来吧，我们去买点相框！我要为自己的相片准备相框。我要给每个孩子留一件关于我的纪念品。”她的战斗已经结束，或者说差不多结束了。无论如何，她已经得到平静离开这个世界的可能。

8 月初，我们又一次去看了这位医生。“您随时可以联系我，”他这样对我们说，并把他的手机号码告诉我们，“我接下来要去法国南部度假。如果我赶不回来的话，还有我的助手在这里，他们也有您的材料。”

于是我没有对他说玛丽度过了一段“美好的假期”，但是她最后确实好好地“享受”了所剩不多的时间。

现在她不再焦虑。

艰难的时刻

DES MOMENTS DE CALVAIRE

死亡是温柔的：它将我们从死亡的思绪中解救出来。

——儒勒·列那尔，《日记》

我继续使用消炎止痛药与顺势疗法治疗癌症肿瘤，暂时看来，我的状况并没有比深受各种疗法之苦的病友们更糟糕。

“将恶化的速度减到最慢”并没有实现，唉！等待吧。癌细胞伸出了触角，那是6月初一个晴朗的周日。初夏炎热的空气，一如我们住在勃艮第山岭边的时候。那天，修复和装修的准备工作让贝特朗忙得不可开交。我右腿的疼痛从未如此强烈，走路时右脚不自然地拖在地上，脑袋嗡嗡地阵痛，耳边回响着尖利的耳鸣声。这是因为炎热的天气，因为噪音，还是因为心情不快？

我决定傍晚回到房间好好休息。一如既往的周末的尾声，除了1小时后，精神恢复正常的我忽然觉得自己有必要去建筑工地上再看最后一眼。

呼吸困难。走下主楼梯时，我突然跌倒！右腿一点力气都没有，一种麻痹性的疼痛席卷了蜷缩的右脚，它僵硬得就像是块石头。“我没法走了，扶我一下！”我冲贝特朗喊道。他尽全力扶我起身，我因为疼痛和恐惧大声喊叫，他紧紧抓住我的身体免得我滚下石砌台阶。接着，他像拖着一个没有手柄的旅行包似的将我带到长凳边。我急不可待地扑倒在台阶前的沙砾地上，腿终于能伸直了。

我请求贝特朗帮我脱去网球鞋，它压得腿生疼。此时，我们惊恐地发现我的脚已经变形得不像样，它看起来好像一截残肢或是一只内向萎缩的畸形足，水平向内反转了 90 度。在正常状态下完全无法完成的姿势，另外，也没有人会这样折腾自己的脚。

贝特朗扶起我又勉勉强强移动了几步，他将我放到背对狗窝的长凳上。而这个时候，情况变得更糟了。我大腿和手臂的肌肉彻底陷入痛苦不堪的痉挛状态中，随后我的四肢开始不听使唤地挥舞起来，它们仿佛风车的叶片，完全不受我的控制！我有一种感觉，它们随时会脱离身体而去，就在我的眼皮底下，完全肢解！我仿佛是一个疯狂的木偶师手中的提线木偶，可是指挥着这场死亡之舞的却是我自己的大脑。我多想当场昏厥，不用亲眼见到这一幕。在十分钟不正常的肌肉痉挛、歇斯底里和恐惧后，随后而来的是颤抖、口渴和泪水。我开始规律地喘气，样子就像是临盆的孕妇。我精疲力竭，完全不知所措。

贝特朗束手无策。任何话语在这一刻都是苍白的。就在这个时候，我的女儿和她的男友忧心忡忡地赶来，眼中全是泪水。贝特朗趁他们在场赶快了结了手头的几桩工作。他当即决定我们马上去巴黎的美国医院看急诊，完全不考虑先在当地的医疗中心接受治疗。因为我对医院一直怀有深深的恐惧，尤其是对陌生的医院。贝特朗将我抱进车，两个小时的路程内，我一直担心还有另外一种疾病会在身上发作，那样在高速公路上我们完全没有对策。

等到第二天早晨，我马上吞下皮质酮药片。这一次，没有任何的疑问。哦，美好的皮质酮片！几天之内，我神经方面的症状、我的耳鸣、晕眩，统统都消失了。我行动起来也更加自如，再好一点的话跳舞都没问题！一次真正的奇迹！

随着时间的推移，这种消炎药的效果也愈发明显。每天早晨睁开眼睛，我感觉到生命为我提供了最后一次缓刑的机会，一切都会在幸福中重新开始并不断延续。

乘车在布鲁塞尔市内的往返变得很休闲。一天晚上，我们甚至可以去城堡广场上的餐厅吃晚餐，一直到深夜 11 点。真正的创纪录！第二天，尽管身体的状况仍很糟糕，但我还可以亲自逛逛旧货商店，为选择“特殊安乐死”的落脚点看看几处公寓。

挑选十分用心，我们不想房子里摆着冷冰冰无人气的家具，想要一个温暖热情的“宇宙”。最终我们选中一套精装修的三居室，位于一栋别致的新艺术风格大楼内部，天花板很高，房间面对花园。我们签了两个月的租约，也考虑过之后续约，当然，一切都视我个人的情况或是死亡而定。

显然，这一切都是我们努力争取的结果。我的运气让我设法让自己有权享受这项服务。值得一提的是，在外国接受安乐死所费不少。谁说死亡面前人人平等?

我有办法在比利时安排自己的安乐死手术，却更希望有朝一日所有法国人都有权享受这一权利，在他们自己的国度里享受，无需我的“运气”，希望他们能够毫无痛苦、带着尊严离开这个世界。

我们听说过很多次姑婆的故事，她喝完茶说自己有些疲劳，将杯子放在桌上然后平静地睡去，再也没有醒来。我有一个梦想，我希望这是所有人触手能及的权利。

病情加重

AGGRAVATION

除了缺少爱情，世上再无其他死亡。

——勒内·巴赫札维勒

贝特朗去了办公室。他穿过小花园，沿楼梯走到一楼的门厅处。和往常一样，他在餐厅宽大的玻璃窗后向我送来温柔的飞吻；和往常一样，我们热烈地彼此对望。

我望着他的身影远去，心阵阵收紧。如果这是我们之间的最后一眼呢？我们在一起的时候总觉得是如此幸福。痛苦将情感像扇子一样展开，我们所见的一切皆为恐怖之象，但同时它也将情感放大10倍。

尽管服用了皮质酮，我的状况还是越变越坏。昨天，我的双腿已无法支撑身体。不过，之前我们刚刚去城堡度过了一个美好的假期。悲剧发生在我决定去工地看看的时候。工作没有按照预定的计划如期进行，而且我也有些疲劳，之前的一晚我睡得很浅，脑中满是挥之不去的耳鸣声。

贝特朗按：

2011年9月底，玛丽的癌症加剧，必须增加皮质酮的剂量。好医生G有时在半夜来访；她的痛苦不分日夜，一夜起来五六次的情况并不罕见。

结果，我像一团破布似的，倒在花园前的石砌台阶上。有时这碍事的右腿，会让我觉得自己就是个独腿人！这次发作令我腿部的体温激增，就像被什么东西灼烧着似的。

“保持心情愉快，避免过度劳累，不然等待着您的就是一次癫痫。”G 医生这样告诫我。

他说的没错。每次疲劳或是不快，都是一样的结果。我的女儿永远没有办法理解，“但是，妈妈，”她对我说，“在生活中每个人都无法避免心情不好的时候！”我没法向她解释我现在已经不是“每个人”了，而是一个有些“另类”的人。她不愿接受近在咫尺的真相，她完全无法理解我在精神层面上已经极度虚弱的事实，只愿意保存以前关于妈妈的记忆。每个孩子都活在孩童时代的记忆里。

不愉快的事情实在太多。首先，我体检的结果显示病情正在加剧，这些肮脏的肿瘤正一个月接一个月地膨胀。随后是其他需要操心的事情，一些日常事务以及因为电池问题无法使用的电子书。再次打开它时，主界面上什么都没有了，我写的最后 50 页还没有保存！灾难啊！第二天，我身体很不舒服。或者还有公寓里忽然有股强烈的卫生间臭味；或是艾尔莎在我眼中从她的高脚椅跌到厨房的方砖地上……我应该有一半时间用于休息。真是难以接受。

“您可能会有一次严重的癫痫发作，然后全身瘫痪。因此如果您一觉得不舒服，必须马上躺下，服用止痛药，这是命令。”G医生向我建议道。我回答他，我必须写完这本书，服用止痛药必定会令我无法保持头脑清醒。我目前服用的皮质酮中已含有兴奋剂的成分，每次服用后都有些失去自我的感觉。我还能继续与疾病抗争、自我控制么？

两周以来，我逐渐小剂量地减少皮质酮的服用量，从48毫克到42毫克。“这样的服用量是不够的。”神经科医生对我说。于是我又将剂量增加到50毫克，今天是60毫克。我身体的承受极限在哪里？

这个夏天，紧张的时刻并不少见。某个早晨，我们坐在椴树下吃早餐，贝特朗注意到皮质酮的药盒空了。一片都没有！我现在已无法停用这种药，大脑一旦被这个想法占据，我就晕了过去。贝特朗给镇上最近的药店打电话，药店距城堡两公里。“没有处方就无法配药。”这是药剂师的回答。贝特朗徒劳无功地向他解释这是紧急情况，药剂师就是不愿意听。“这是规定，先生。规定！”幸运的是，G 先生及时将处方传真过来，满足了规定。

我们望着前些日子被砍去的泡桐树，渐渐缓过神来。自从我得病以来，便时常背靠它那粗糙不平的浅灰褐色树皮，好像希望能从中汲取力量。我还为两株树龄百年、直径 3 米的梧桐树中的一株做了检查。

在这棵泡桐树下聚集过许多人，例如，得了骨癌的雅克就曾久久地靠着它。泡桐的种子散落于方圆 200 米的范围内，直到河边另一条椴树小道的尽头。神奇的是，1 年以来这里长出 10 多株新生的泡桐，它们叶片宽大，排成一条直线。

我的手机开始震动，是女儿。尽管不太情愿，她还是和家人动身前往卡拉布里，因为她担心我这里会发生什么。“我亲爱的，一切都很好，只是情绪有些低落，仅此而已，别担心。”显然，我在说谎。她打电话来的时候，我又重新陷入新一轮的阵痛中。无法将脚放在地上，晕眩的感觉也从来没有这样强烈过。

我的身体状况一旦倒退，或是我的症状一旦加剧，贝特朗和我的情绪便变得更糟糕。我们两人都知道，迟早有一天，我再也无法缓过来。所以是时候去比利时了。这个念头让我们紧紧相拥，泪流满面。凭着爱情的冲动，我们将抓紧自己每一分力量，向命运祈祷。这段日子可怕得不堪回首。

每每想到死亡，我们在生命中便合二为一。

我替自己挖好坟墓
J'AI CREUSÉ MA TOMBE

我采下这段欧石楠
秋天已死你还记得
我们在人间已无法再见
时间的气味 欧石楠的细枝
请记住我在等你。

——阿波利奈尔，《醇酒集》

“好好利用剩下的时间。”医生们对我说道。但是当死亡每天来敲门，嘲弄你、告诉你它还会再来，又何谈“利用”呢？“它跟着我，如影随形。它在门外等待。它又来了。它在那里……”芭芭拉这样唱道。在永远的等待中又如何利用时间？当然，自从L医生答应帮助后，我的心情已平复许多，但是再也无法品味时光，我只能计算它。我的幸福呢？颠倒的不幸而已。

由于常常想到死神的脚步已经不远，我惊讶地发现自己竟没有被忧郁、消沉或是疯狂压垮。仍旧支撑我的，是安排行程、准备遗嘱、完成复建图纸、装修、绘制适合在干冷的冬天散步的公园小径，以及为自己挑选墓地、安排葬礼事宜……和选定最后这段时间的住所。

索勒斯的家见证了贝特朗与我之间简单美好的爱情故事，若是还能再与他共同生活两年，我什么都愿意付出！如今我们只能希望日后在天国再见，继续我们的爱情。

我将在那里等他。先是在墓地，随后是天国。我也会等着孩子们，但那是50年后的事情。我将等待所有我爱的人。我心怀大家常来与我说说话的希望等待着。我在那里等待，在我想象中未来的家庭墓地等待。

已经决定，我们将在两株百岁梧桐之间修出一条漂亮的小径，正好与罗马神话中的水果仙子波蒙纳的大理石雕像齐平。贝特朗与我，我们两人缓缓地并肩而行，按照我的步伐节奏。500 米的路程，对我此时的状态而言已经很多了。

贝特朗按：

玛丽对所有人都说起她最后的住所。“要砌一堵漂亮的墙，您看，那会很美，”她说，“我宁静地安眠于美丽的大理石下，林间的雀鸟是我的伴侣……”

奇怪的是，当我如今孤身一人呆在城堡时，我并不觉得很不幸。我不知道人们是否能够理解，但她就在那里，就好像还在家中等我。

为了延长未来的小径，贝特朗又栽下 50 多根小树。推土机将完成剩下的工作，挖掘、定型、盖上碎石，接着是铺上白色的沙砾。

至于墓地，还需要得到警察局的批准。不过我并不担心，5 公顷土地内总有合适的地方。水文报告显示，我们正位于截流区域外，距离周边村庄以及城堡墙外两处相距 35 米的居民点都有一定的距离。唯一令我忧心的是期限问题，我能够在死亡降临前得到许可么？贝特朗对我说，如果有必要的话，他可以先在镇上的小公墓里为我预订一块临时墓地。有趣的是，我并不喜欢这个将来要搬家的主意。好像我的身体是多么不适应旅行啊！一个有些愚蠢的念头，我承认。

幸运的是，提交申请一个月后，我们收到警察局寄来的许可。我幸福地跳起身抱住贝特朗的脖子。现在我们可以安安静静地在索勒斯度过剩下的时光了。贝特朗渴望有一处能够看到花园美景的地方，我希望自己能够被绿树环绕。最终，有一排树根粗壮的紫杉枝叶形成天然的巢穴，向我们张开双臂，这里远离世俗的视线，隐秘幽深。

我还决定，为了使这条献给耶稣与大卫的十字小路看起来更加神秘，考虑到我父母两边的家族，按照犹太天主教的传统，再从小路的一头到另一头种下 8 或 10 株柏树，构成一道茂密常青的屏障。此外是一道督政府时期风格的铸铁大门，我们在巴黎时买的，门柱是顶端带石质花盆的柱子。一道高度大约为一米五的围墙将这一切围住，越过围墙可以看到花园内的景色。

贝特朗按：

玛丽与我，我们将“监督”墓地的施工情况，这既不恐怖也不病态。我至今还保留着一张她为工匠画的示意图，下方写着“紧急！”字样。

我还想在墓地内部摆上一张石质长凳，门柱后安放两座精美的赫柏女神雕像，此外还有圆型立柱和铸铁女人半身像，暗示来访的客人和我说说话。即使是死后，我也不愿自己被埋入记忆的角落。我恳求你们，来和我说说话。请夏天傍晚 5 点的时候前来，那是最美妙的时刻！

好想在离世之前完成我自己的坟墓！此前我从未想过会替自己设计墓地的样式。为免贝特朗在我去世后哀伤过度、手忙脚乱，我还联系比利时的几家殡葬机构选择棺材（我想要一副内有软垫的白象牙棺材）；并在布鲁塞尔预约殡仪馆护送遗体回法国的服务……

尽管在安排后事时，我有时也会满心欢喜，哈哈大笑，但随后的痛楚又令我想起最后的赢家并不是我，突如其来的泪水淹没我的笑声。我意识到这是我在索勒斯度过的最后一个假期。我最后一次望着花园中的小径、树木、小岛和果园，心中涌起一个奇怪的念头，我忽然想起有一天我们的狍子“邦比”在此地出现，仿佛被施了魔法一般。

随后又消失了。

它在花园里度过了一段宁静的日子，欣喜若狂地看到果园里的上百个苹果和梨，花圃里的常春藤、橡树叶、草皮，它像一只小狗似地汪汪叫着，因为，在这里，食物俯拾即是。

它在这块领地住了 5 年，来去自由无人阻挡。它跳过矮墙，潇洒离去，不久又再次光临。再次离去。然后它再也没有回来。我问自己那天究竟发生了什么。是因为它感到死神在城堡上方盘旋？还是它听到远处的挖土机正在挖掘我的坟墓，鸟类纷纷避走？我绝望地大声呼喊它的名字。城堡的领地外，狩猎者的猎枪乒乓作响。它已经习惯有人作伴的生活，猎人瞄准它毫不费力！

它不情愿地被判处了死刑。

我是在它身上看到了自己的命运吗？

你们还会爱我吗？

EST-CE QUE VOUS M'AIMEREZ ENCORE ?

我祈求一只小鸟飞去你身边，只为知道你是否有时会想起我。

——让娜·莫泽索

贝特朗按：

开始写作本书时，玛丽以为自己可以在死前将它出版。“在一个热衷于看客心理的社会中，要想事情有进展，必须多敦促人们”，她对我说道。她向我谈起她参与的电视辩论；而我，我认为电视传媒对于她而言太过耗费体力。不久之后她身上理性的一面回归，不过不是说她决定放弃与媒体斗争，而是比利时的医生们明确告诉她，他们对任何有广告之嫌的行为的厌恶。这一切有可能阻碍她的安乐死程序，她的申请有可能被医疗机构拒绝。

同时，玛丽认为最终，在她死后，法国人将在某种程度上更加信任她，因为她已经“付出代价”。

不论任何理由，我的书都不应在我死前出版。我害怕我的安乐死申请因此搁浅；比利时人担心他们的国度被视为“死亡之旅”。我还记得桑塔尔·斯比尔，这位因为鼻窦癌而面部严重畸形的母亲，她的病来势凶猛、无药可救，一时成为所有报刊谈论的热门话题。因为媒体的大肆宣传，医生们拒绝为她实施安乐死！因此，我必须小心谨慎，即使在面对某些医生时我更喜欢采取坦白的态度。

我必须有条不紊地安排我的死亡。

我亲爱的编辑对插手此事毫不犹豫。他甚至拟定一份特殊合同，其中包括准备在我死后公布的某些额外文件、我必须接触的媒体名单。但是随着我对这个问题的思考逐渐成熟，我愈发坚信最好在 9 月新书季推出我的书，因为抛开我的个人故事不谈，对于我们法国人而言，说服政府接受人人有权选择终止生命的自由岂不是更关键吗？“你总不能为了国家将死亡的日期提前吧！”我幽默地想道。

然而，近几年来“安乐死”难道不是一个正当时的可怕话题么？我仍记得近期报纸头版刊登的某则事件：医生在没有得到病人家属以及国家医疗秩序管理委员会许可的情况下为 4 位病人实施安乐死，事后被法庭起诉。这不正是又一个说明安乐死合法化刻不容缓的案例吗？

因此，我全身心地投入写作，在外、在家，不论何时何地，始终希望法国能通过一部类似比利时或荷兰的关于安乐死的简化法。

我必须回归主旨，尽快完成收尾工作，因为我的精力已所剩无几。尤其是几次可怕的癫痫发作使我每两天要么会跌倒一次，要么会陷入强烈的晕眩。

我对这些病症心怀恐惧。幸运的是，它们的持续时间只有一两分钟，但威力却极其强大！在我的生命中，从未想过有一天自己的行为会如此粗暴激烈。大脑在强烈的刺激下发出脑电波讯号，平衡穿透我右脑半球的发热前端。只有了解大脑皮层中心的神经性病变原理才能了解它们所带来的痛苦和焦虑。一股突如其来的热浪吞没我的双脚，随后以闪电般的速度，沿着我的双腿向上蔓延至最隐秘的器官、肾、背以及手臂。我在可怕的几分钟中内彻底变成一块火炭，仿佛祭台上的牺牲。我感觉自己被不幸的力量打倒，接下去是不得不卧床休息等待第二天漫长的恢复。

疾病在生理上击倒了我，当然，在精神上也是。我想象有朝一日，一次更严重的发病将彻底击倒我，可怕的灼烧感将上升至我的大脑。永别了，比利时！

当发病和疼痛频率增加的时候，焦虑攫住了我，我好想逃去比利时，直接关掉自己这台不听指挥的破机器。

几天前，我们为艾尔莎庆祝了1周岁生日。庆生会在布洛涅举行，我无法出席。太多的噪音，太多的人。阿隆，这位草地小运动员以及未来的知识分子，他还记得我的样貌和披肩么？他会永远记得我们一起在城堡度过的两年么？

亲爱的家人们，当云彩如身着白衣的女子在我们面前经过时，我会在花园内与你们再次见面，在清晨的薄雾或是深秋的霞光中化身炽热的精灵。我变作优雅的白蝴蝶飞舞于你们身边，停息在公园小径洁白的山梅花上，为你们增添一抹亮色。

我会在竹园附近的雕像或是泉水源头旁优雅的小天使像上获得新生。沿着过去走过的路，我手挽手地陪着你们走到花圃金丝桃旁的旧迷宫，不远处是大水池前的特里亚农雕像。为了显示生命和在场的征兆，我会沿着栽满椴树的河边继续飞行，越过小岛，用一片看不见的天鹅羽毛轻轻地抚摸你们。

我永远不会忘记你们！树木将是我的信使，如果几片泡桐叶落在你们的脚边，就说明我正在不远处。如果你们寻找我的身影，我会像翠鸟般一现即逝，果园旁的阿波罗水池倒映着我的身影，那是你们最爱的地方。接着，我走上狍子常走的小径，躲进树丛或是温房，化身为蛹，再化为硕大的蜻蜓，期待再次征服你们。无论如何，我永远在那里！我静候着你们的来临，就在花园中。

我美丽的城堡，你那由几千雀鸟安居的几千株茂密树木，我将多么怀念这一切！当我写下这些字时，好像是在永别之前说永别。

今天，城堡正在下雨。但是我满怀的爱意远比忧愁强烈。

我永远爱着你们。

而你们，你们还会爱我么？

周三，10月19日 MERCREDI 19 OCTOBRE

请和我说些悄悄话，我将永远满怀爱意回答你，我伟大的爱人。

——玛丽·德卢拜致丈夫的最后一封信

“如今4个月以来，我在家人的陪伴下安居家中。我已经走到生命的尽头，但我的胃口仍很好，也没有药物引发的恶心。一位医生负责我的病况，我每半个月见他1次，每月做1次核磁共振。我头发梳得整整齐齐、衣着得体，用香水、化妆，必须在离开这个世界的时候仍很‘漂亮’，这个念头现在对我来说比什么都重要！”——玛丽在去世前几天接受记者1个多小时的访问时这样说道，那是2011年10月14日。

10月初，她写完她的书，我们住处的装修工程也同时完工，但是随着问题的接连发生，她的身体逐渐衰弱，失去行动能力，皮质酮的药效显然已经不够。

事实上，她的病很严重。她告诉我，她觉得自己的脑中似乎有一列蒸汽火车，但是她仍努力劝说自己问题不严重。随着时间的推移，她的状况逐渐恶化。10月16日，周日，她的头一直很疼，步履蹒跚，但表达能力仍然正常。

周一早晨，10月17日，她醒来的时候呕吐了，此前还没有这样的情况发生过。整整一天她连水都无法咽下。

玛丽对我说：“我很不舒服，我觉得我已经走到尽头。我没法行动、没法吃饭、没法喝水……如果我们打急救电话，他们会让我住院打点滴，但这正是我不愿意的事情。因为打针，明天我有可能再吃一点，但是我不会再抱有幻想了。如果我被送入一家法国医院，他们会允许我之后离开么？要想出院，必须病情好转。但那时我还有能力表达自己的意愿么？既然法国还没有关于安乐死的法律，我又不能在家中等待，那么，亲爱的，我想去比利时。我想穿过国境线。”

“你觉得怎么样？”她重复了她的问题。既然只有她才有权决定，我还能说什么呢？

1 小时之后，她给急救医生打了电话，请他过来打针。“这可以帮我挺过路上的时间，我要去比利时接受安乐死”，她对医生说道。这个不幸的家伙完全不知道该怎么回答。当我送他到大门口时，他对我说：“我什么都没有说，我不知道可以说什么。我只接受过照料、注射、开药的训练，但从来没有学习过如何回答这类问题。”

他完全糊涂了。他甚至不愿意收钱。

我们在下午出发，行李里是她的药物、几件衣服、一些化妆品以及为呕吐准备的脸盆和餐巾。这一刻真是可怕得令人心碎，因为她的女儿不愿意一起去。

我非常理解这次旅行，它并没有那么可怕。事实上，玛丽感到如释重负。这是属于她的时刻。我们有过远比现在更可怕的经历。

晚上到达了布鲁塞尔，我们从6月起就在这里租下一所公寓。我们找来医生。他在晚上9点的时候赶来，身边还有另一位同事，因为比利时法律规定必须有两位医生在场。他看了看玛丽的材料，唉，毫无争议，随后他再次向她确认她是否已下定决心。玛丽用相当平静的声音回答说“是”。

接着他告诉她，现在他必须去准备安乐死所必需的药剂。如果在医院实施安乐死，获取相关药剂并不难，因为他们定期会帮助有需要的病人实施注射，但是现在，作为社区医生，他无法那么容易地在药店内买齐所有必需的药品。安乐死药剂的流通有自己的圈子，手续相当详细。他告诉我们他会尽快回来。

玛丽和我自己都希望不要等待太久。禁闭式的等待是很可怕的。

我们将在周一17日聊上一整晚，接着还有第二天的整个白天……从某种意义上说，这也是很“奇妙”的时刻，妙得惊人。这么说似乎很恐怖，但这是我们一同度过的相当美好的爱的时光。

我们的交谈既深入又“实用”，因为玛丽衷心希望在离开人世时已解决完所有悬置的问题。她要写邮件，完成女儿公司的订单，如此种种事宜。“你不要忘记做这件事”，她总是这样对我说。她让我列了许多清单，让我做这做那。她比我更冷静、更深思熟虑。

她也和我谈到她的葬礼，她希望我能在葬礼上致辞。“我相信你的悼词一定很优美”，她说。

这天平静地过去了。我们交谈，做梦，交谈。有一会儿她拿起一张纸，为我写下最后一封信……

周二、18日，她感觉好一点了。她在抽泣中忧虑地问我：“贝特朗，你觉得怎么样？贝特朗，要是换做是你，你会怎么做？贝特朗，我现在就动手？”

她再也支撑不下去了……她双腿和双臂以上的部

分都不再听指挥，她的消化系统也无法继续运转，极度衰弱。我回答她说，看起来这真的是她最后的一段日子了。显然，如果法国也存在一部“安乐死法”的话，她可能还会在这个世界上多留几天。这是一场她头脑中的战斗。继续留下来？为什么？直到什么限度？我告诉她，我完全理解她所有的决定，但只有她才能最后下决定。我补充说，我会陪伴她到生命中的最后一刻，不论她身处怎样的情形，我都会照顾她，让她不再受苦。

玛丽反复对我说：“如果法国也有这样的法律，我还能在这个世界上多停留一阵子。如果只要我愿意，第二天就能终止自己的生命的话。”相关法律的缺失迫使希望离开这个世界的人们不得不提早离开，以保证“他们死亡的权利”。玛丽也许还能再多活1个月。1个月并不少，当你的生命已近完结时，每分每秒都很珍贵。“时间不多了”这句话很能说明这个意思。

周二、18日晚，医生打来电话，告诉我们他要明天早晨才有空。

我们又度过了一夜。

周三、19日早晨，医生告诉我们药剂中午可以送来。“我下午两点有约诊，完成之后我就过来。”

玛丽穿戴整齐。我们交换彼此的头发。

医生下午5点时赶来了。

可怕的时刻。

我紧张得发抖。

但玛丽，没有。

医生问她是否已经决定迎接死亡。玛丽回答说是的，她再也支撑不下去，她已经做好离开的准备。她穿着一件黑色的T恤、一件黑外套、一条黑裤子和一双高跟鞋。

这时，我才注意到，因为之前她一直瞒着我，她这时穿着和送给全家人的相片上一模一样的衣服。“你可以告诉他们，我最后的样子就是这样的”，她对我说。

她重新化了妆，回来问医生：“医生，我应该坐在哪里？”

她躺在床上。她问医生一会儿感觉会如何。医生告诉她，他会替她打上一针，助她入睡。然后是第二针，使她的心脏停止工作。

直到最后一分钟，他还在告诉她，她仍有决定终止注射的机会。

我们的双手紧紧地握着。

我一直陪着她说话。

她一下子睡着了。

这正是玛丽一直渴望得到的。

当时的景象看起来几乎很不真实。

等医生离开后，我问他从事这个行业是否艰难。他告诉我其实这项工作并没有看起来那么可怕。“人们都很感激我，”他说，“他们的目光满怀谢意。”

现在就剩下我一人和玛丽在一起了。我打电话给全家人告诉他们玛丽走了。我住在里尔的妹妹和她丈夫一同赶来帮我，他们当晚住在酒店，而我，整晚陪着玛丽。虽然只有一人，但我一点都不觉得孤单。这是属于我们的故事。

我要在她身边休息么？我问自己，然后我去了隔壁的房间睡觉。我不知道为什么。

之后我回到巴黎。

这趟回程的经历很糟糕。

当我和玛丽在一起的时候，我总是忙于照顾她。我唯一想到的就是好好照顾她。

转眼间，再无一人。

没有边际的虚空。

贝特朗·德卢拜

附录 ANNEXE

哈姆雷特的老命题，“活着，还是死去，这是一个问题”，如今，又成了一个全球性的新命题。

死亡有一万扇门，而我们将在哪一扇门前谢幕？面对无可避免的死亡，我们所能做的，只能是尽量减轻离开世界之前的痛苦和忧虑，至少，要做到“有尊严地离去”。然而，要实现有尊严地死去，首先就应当把死亡的权利还给本人。可这看似简单的逻辑在现实社会中执行起来却没那么容易。

本书一经推出，便在法国社会引起巨大反响，图书的销量跃居法国亚马逊网络书店畅销书榜第一名。

这至少能说明一个问题：人们对“死亡”这个话题十分关注。

的确，本书带给人们许多关于这个话题的新思考。本书作者德卢拜为了“有尊严地死去”，最终选择了从法国奔赴比利时以实现安乐死，这一举动，即使是在以自由、浪漫著称的法国依然是惊世骇俗的，在法国社会引发了诸多的争议。

掩卷而思。到底什么是尊严死？哪些国家可以安乐死？为什么在大部分国家安乐死依然是不合法的？……读完这本书，这些问题很自然地会浮上脑际。于是，为了帮助中国读者更好地理解本书正文部分的内容，并引发更深入的思考，本书编辑特别为读者搜集了有关资料，作为附录刊登如下。

编者

2014年12月

关于尊严死

尊严死，英文表达方式为：death with dignity 或者 passive euthanasia。

尊严死，是一种自然死亡。通常的定义是指尊重植物人患者的意愿或观念，停止对其进行延命治疗，任由患者死亡。

我国对尊严死的定义通常是指患不治之症的病人在垂危状态下，由于精神和躯体极端痛苦，在病人及其亲友的要求下，经医生认可，用人道方式使病人在无痛苦状态中结束生命的过程。这样的死使病人摆脱了凄惨状态，也使亲属摆脱了沉重的精神负担，人们通常认为这样的死是高尚而有尊严的。

尊严死的观念涉及到伦理道德、文化传统等一系列问题，近些年在国际社会引起了广泛地重视和讨论。

案例：第一个引发尊严死争议的凯伦·柯因兰事件

美国的凯伦·柯因兰事件，被认为是世界上第一个引发“尊严死”争议的案例。1975年4月，20岁的女孩凯伦·柯因兰参加朋友的生日聚会。她在聚会上饮酒后昏迷不醒，再也没有苏醒过来。她的家人逐渐认识到，她无法再恢复意识。凯伦失去意识3个半月后，她的父母希望医院不要再采取延命的医疗措施了。然而，医院和法院都不同意。后来，凯伦的父母作证说，凯伦曾经向他们表达过她的这种意愿，法院才同意以保护隐私权为由，把终止医疗措施的决定权从医院收归法院。当时，日本媒体在报道“凯伦案件”时，首次采用了“death with dignity”的译名。

凯伦案件后，美国孕生了一种新观念，认为“随着医疗技术的进步，生命的延伸虽然成为可能，但如果只为了延长生命而令患者陷入人格崩溃的境遇，那么近代医学带给人们的也未必是一种福音”。因而，开始有人主张：“当生物学上的死亡得到确定时，与其使患者的人格崩溃或活在周遭人们冷漠的眼光之下，不如取下生命的维持装置，让患者庄严地死去”。在此种历史背景之下，“尊严死”被定义为在罹患不治之症且属于末期的情况下，为避免患者的人格崩溃而对患者终止使用生命维持装置。

案例：掀起美国生死之争的特丽·夏沃事件

2005 年的春天，全球的焦点都集中在了美国女植物人特丽·夏沃身上，她的生死选择惊动了白宫、参众两院、最高法院以及成千上万的民众。

1990 年，她因心脏病发而成为植物人。8 年后，特丽的丈夫向法院申请拔去维持她生命的管子，让她自然地死去。而特丽的父母坚决反对，他们认为女儿有活下去的权利。接下来的 7 年当中，特丽的进食管被拔了又插上，插了又拔掉。支持父母的强烈民意与支持丈夫的司法判决，导致了冲突的不断升级，激烈的举动也时有发生。甚至，在强大的民意压力之下，白宫和参众两院都罕见地介入了此事，倾向于让特丽活下去。但最终，最高法院顶着巨大的压力，甚至不惜以拘捕多名冲入医院的支持者为代价，做出了拔掉特丽生命之管的判决。法院终审的最重要依据之一，就是丈夫、医生和一些朋友证明，特丽在生前清醒之时，曾有过“尊严死”的愿望。这是世界上关于“尊严死”的最著名的事件。特丽·夏沃的生死，不仅牵动了整个美国的神经，也令世界瞩目，同时也引发了全人类对医学伦理问题的思考。

全世界仅有美国为尊严死立法。凯伦·柯因兰事件引起了全美对尊严死问题的重视。1976年，加州自然死亡法案（Natural Death Act）的制订昭示着世界上最早有关“尊严死”的法律的诞生。该法案规定，“任何成人可执行一个指令，旨在临终条件下中止维持生命的措施。”指示是其愿望的陈述，“我的生命不再用人工延长”。条件是：“我有不可医治的病，有两个医生证明我处于临终状态，使用维持生命的措施只是为了人工延长我的死亡时间，而我的医生确定我的死亡即将到来，不管是否采取维持生命的措施。”这个法令还明确规定，要在处于临终状态14天后执行这种指令，医生必须遵循它，除非病人撤回，否则医生就犯有失职的罪责。这是第一次使“生前遗嘱”这类书面文件具有法律的权威。美国已有 35 个州皆立法支持自然死亡或相当于此法之尊严死法。

韩国最高司法机关大法院 2009 年 5 月 21 日作出裁决，命令延世大学一家附属医院摘除一名 77 岁女植物人金某身上维持生命的仪器。韩国最高法院 21 日首次判定可以尊重植物人患者的意愿或观念，停止延命治疗，任由患者死亡。韩国媒体认为，在韩国一直备受争议的“尊严死”因此有望实现合法化。韩国主流媒体支持这一判决，认为这一终审判决将使韩国进入“新的死亡文化”的时代。2009 年 6 月 10 日，院方召开会议正式决定接受法院判决，为患者摘除呼吸机，实施韩国首次“尊严死”。

总之，除美国外，其他法制先进国家对于“尊严死”的立法态度尚趋谨慎。究其原因，除各国之文化、社会、伦理、宗教、国庆等不同之外，主要还在于：“承认尊严死，不仅将导致因保护生命的堤防溃决而跨出对于轻视生命之易滑坡道的第一步”等伦理上的问题，同时尊严死亦能视为缩短生命的措施，亦无法否定刑法上杀人罪或参与自杀罪的司法疑问。

“尊严死”引发了很多热议：

赞同者认为，尊严死体现了人文关怀。第一，尊严死体现了对生命的尊重。从本质上说，尊严死既是善待自己，也是善待生命。当所有的生命支持治疗的作用只是在延长几天寿命而存活毫无质量时，通过本人事先签署的生前预嘱，在生命末期尽量按照自然的方式，有尊严地离世，不仅是对生命的最大尊重，也能让医务人员和家属在处理这类问题时，产生心理上的崇高感和强烈的道德伦理要求。第二，尊严死体现了对个人基本权利的尊重。尊严死是建立在个人“知情同意权”基础上的死亡方式，而对生命本身而言，死亡是所有生命的归宿，在生命尽头选择不使用生命支持系统以保持尊严，也是一种基本权利。让进入临终状态的患者选择尊严死，体现了社会的进步与文明。第三，选择尊严死是一种高尚的行为。在生命尽头使用生命支持系统竭尽全力去挽救生命，不仅给病人的肉体带来巨大痛苦，也给病人的亲人在精神上带来了巨大痛苦。从这个意义上说，选择尊严死也是病人对亲人关爱的表达。生命维持技术挽救了大量并未死亡但以前没有办法救治的病人，然而另一方面它吸引了大量卫生资源于临终病人身上。人在“不可逆转的昏迷状态”、“持续植物状态”或“生命末期”选择停止生命支持治疗，也是对医疗资源的节约与珍惜。可以说，选择尊严死的高尚行为，让生命放射出了最后的，也是最美的光芒。

反对者认为，只有活着，才有尊严可言。第一，尊严死对患者来说是一种残忍。归根结底，尊严死实际上是消极被动地等死，建立在患者亲人和医疗措施不作为的基础上。当患者生命尚存，其亲人和医疗机构不进行施救，而是任凭患者在无助中慢慢死去，这样的终结可能更痛苦、更残忍。第二，尊严死有被滥用的风险。根据生前预嘱推广协会的说法，签订生前预嘱的患者，如因病或因伤导致身体处于“不可逆转的昏迷状态”、“持续植物状态”或“生命末期”，不管是用何种医疗措施，死亡来临时间都不会超过6个月，这时就得允许患者亲人和医院不作为，任凭患者自然死去。但是，对于“不可逆转的昏迷状态”、“持续植物状态”或“生命末期”的判断若不准确，则会对患者及其亲人造成不可挽回的伤害。第三，尊严死易被打上利益的痕迹。有的利益相关方若利用患者生前预嘱，为逃避责任放弃救治患者，别人奈何不得，只会加速患者死亡。如果有人为节省财力、节省时间、减少自身麻烦，能救治而不去救治，致使患者过早地离开人世，尊严死的前提便不复存在。生命只有一次，人要讲尊严，但活着是前提，没有活着的尊严，将是空泛的、虚伪的。在有尊严地活着和有尊严地死去的天平上，前者显然更重要，没有前者，任何尊严死都会无从谈起。

讲到这里，就自然引出了一个概念：生前预嘱。

生前预嘱（Living will）是指人们事先，也就是在健康或意识清楚时签署的、说明在不可治愈的伤病末期或临终时要或不要哪种医疗护理的指示文件。

1976年8月，美国加州首先通过了“自然死亡法案”，允许患者依照自己意愿不使用生命支持系统自然死亡。这项法律允许成年病人完成一份叫作“生前预嘱”的法律文件，只要根据医生判断，该病人确实已处于不可治愈的疾病末期，生命支持系统的唯一作用只是延缓死亡过程，医生就可以根据患者授权不使用或者停止使用生命支持系统。当然，这项法律还规定，生前预嘱必须至少有2位成人签署见证，这2个人不能是患者的亲属和配偶，也不能是患者的遗产继承人或直接负担患者医疗费用的人。生前预嘱通常应复印一份存放在病历中，成为患者的医疗资料。这样，医生根据病人的生前预嘱不使用或停止使用生命支持系统，对病人的死亡就不再负有任何法律责任。病人授权医生不使用或停止使用生命支持系统而死亡，也不再被看作是自杀，并且不影响其家属领取保险赔偿。此后20年间，“生前预嘱”和“自然死亡法案”扩展到几乎全美及加拿大。为引起社会关注并推广这个新观念，1993 年，当时的美国总统克林顿与夫人希拉里曾双双签下自己的生前预嘱。

但是，对生前预嘱的倡导也引发了业内人士对医疗救治原则的反思。1990 年，美国危重症医学会和胸科学会先后发表了 2 个标志性文件，提出了两个基本的原则：一是当 ICU 医生确认继续治疗无益时，应当允许停止全部治疗；二是病人和病人的代理人有权决定是否继续治疗。几乎同时，世界卫生组织也提出三条“缓和医疗原则”：重视生命并认为死亡是一种正常过程；既不加速，也不延后死亡；提供解除痛苦和不适症的办法。这表明，不涉及积极致死行为又给病重和临终者带来最大限度舒适的救治原则，正在世界范围内成为潮流。

在中国，虽然越来越多的人都开始认同“尊严死”，但很多人表示：只能接受自己尊严死，给亲属实施尊严死却很难。曾有专家在作尊严死的专题演讲时进行过现场调查。当他请同意尊严死的人举手时，绝大多数人都举了手，包括年轻人和 70 多岁的老人。但当他问是否同意给自己的亲属实施尊严死时，举手的人却不多了。这表明，很多人虽然能接受自己尊严死，给亲属实施尊严死却很难。接受生前预嘱的主要障碍来自心理和观念。

谈论死亡和临终，在受教育程度较高的城市居民中已不是禁忌，目睹过亲友临终不良状态的人能更积极看待临终，态度也更积极，医务人员比一般人更愿意谈论死亡。有学者指出，在目前的中国，人们忌讳谈“死”，提倡尊严死必然会冲击“百善孝为先”的传统观念。我们所说的“孝”，就是要对父母好，而对父母好的重要标志，就是顺着父母的意愿做事。而我们的传统做法似乎与尊严死的概念并不相容——当父母面临死亡之时，身为子女，通常的做法是选择竭尽全力维持父母的生命。由此可以看出，人们对于“对父母好”的理解过于简单化，认定延长寿命就是对他们“好”；除此之外，在传统观念中，我们往往把健康人基于自己的考虑解释成为临终者着想。从某种程度上来说，这种延长亲人“活受罪”的寿命的做法，实际上是一种“伪孝”，而死者的“尊严”很有可能被歪曲成旁人眼中的“体面”或是亲属的“面子”。

2006年，中国“尊严死”的推动者，开国大将罗瑞卿之女罗点点、陈毅元帅的儿子陈小鲁，联合一些医学专家和官员，发起和创建了国内首家倡导“尊严死”的名为“选择与尊严”的公益网站，并成立了“不插管俱乐部”。他们提倡“尊严死”，希望人们在意识清醒时在网上签署“生前预嘱”，为自己做一个选择，选择临终前要不要接受心肺复苏、气管切开，要不要接受人工的呼吸、人工的心率，人工地活着。网站的标志设计是一棵美丽的七彩树，树下一片红叶正在随风飘落。死亡在这里，像这幅画面一样没有恐怖，只有自然。

这个网站除了推广尊严死，更重要的就是“生前预嘱”的文件，即“我的五个愿望”。目前，已有超过4000人在该网站提交了生前预嘱。文件有5个基本要点：“我要或不要什么医疗服务”、“我希望使用或不使用支持生命医疗系统”、“我希望别人怎么对待我”、“我想让我的家人朋友知道什么”和“我希望让谁帮助我”，其下又细分了小条目，便于人们用打钩的方式来填写。这是一份人们事先在健康或意识清楚时签署的说明文件，即在不可治愈的伤病末期或临终时，当患者失去表达能力，已经不能再对医疗发表意见的时候，能替他说明要或不要哪种医疗护理的指示文件。

签署“生前预嘱”，以掌握自己的生命归途。这个既陌生、厚重又前沿的理念，源于网站大多数团队成员的切身体会和感受，源于全世界热议已久的话题。网站负责人罗点点介绍：率先在全国推出首个“生前预嘱”的民间文本，是希望通过“我的五个愿望”，让更多人知道什么是“生前预嘱”，什么是“尊严死”，以及如何通过建立“生前预嘱”实现个人意愿，使更多人知道在生命尽头选择不使用生命支持系统以保持尊严是一种选择，也是一种权利。

罗点点团队曾经出过一本书，书名叫做《我的死亡谁做主》。书中提到，巴金先生的最后 6 年时光都是在医院度过的，先是被切开气管，后来只能够靠喂食管和呼吸机维持生命。每个爱他的人都希望他活着，而他却不得不在痛苦中配合治疗。他曾不止一次地说过：我是为你们而活。在难以忍受的病痛中，巴老曾要求安乐死，直言长寿对他是一种惩罚。最终，2005 年 10 月 17 日，巴金先生心跳变慢，医生判定他已经进入弥留状态，这次巴老的家属坚决要求放弃抢救，最终得到了同意。

“生前预嘱”在许多国家和地区正在帮助人们摆脱这种困境，而在中国，“生前预嘱”也将帮助越来越多饱受病痛折磨的人。张爱萍将军的夫人李又兰曾在“选择与尊严”网站填写过一份生前预嘱。2012 年 2 月，老人在家人和医生帮助下，放弃临终治疗，实现了有尊严的死亡。从进入弥留到去世，只用了不到 24 小时。罗点点说，这“或许”可能是推出供中国大陆居民使用的“生前预嘱”文本之后，所帮助到的第一个人。

关于安乐死

“安乐死”一词源自于希腊文 euthanasia，其中，“eu”是“好”的意思，“thanasia”是“死亡”的意思，因此这个词的意思是美好的死亡、快乐的死亡、无痛苦的死亡。它包括两层含义：一是安乐地无痛苦死亡；二是无痛至死手术。日本学者将该词译为“安乐死”，中国学者沿用了这一译称。安乐死现指有意引致一个人的死亡作为提供他的医疗的一部分，有时也译为“无痛苦致死术”。

我国对安乐死的定义是：患不治之症的病人在垂危状态下，由于精神和躯体的极端痛苦，在病人和其亲友的要求下，经医生认可，用人道方法使病人在无痛苦状态中结束生命过程。根据《辞海》的解释，安乐死是指因现代医学无法挽救而面临死亡的病人的主动真诚要求，医师为解除其不堪忍受的痛苦而采取无痛苦的措施，提前结束其生命。

基于对安乐死概念和定义的种种不同的理解，在对安乐死的分类上，必然存在着不同的观点。常见的分类有：

主动安乐死（active euthanasia）：这是指采取某种措施（例如注射致死药物或其他措施）导致患者的无痛死亡。主动安乐死也常常被称为“仁慈杀死”（mercy killing）。

被动安乐死（passive euthanasia）：这是指不给或撤除生命支持医疗措施而听任患者死亡。也常常被称为“听任死亡”（letting die）。

此外，主动安乐死还可以从主体的意愿分为自愿、非自愿、不自愿。

自愿的主动安乐死（voluntary active euthanasia）：这是指根据患者的明确请求和患者完全的知情同意而有意地采取药物或其他的干预措施导致患者的死亡。

非自愿的主动安乐死（non-voluntary active euthanasia）：这是指对不具备明确请求行为能力的或精神上不可能明确请求的患者（例如昏迷患者）有意地采取药物或

其他干预措施导致患者的死亡。

不自愿的主动安乐死（involuntary active euthanasia）：这是指没有得到有行为能力的患者的明确要求和/或完全的知情同意（并不意味着一定违反患者的愿意，例如可能并未征求患者对安乐死的意见），而有意地实施药物或其他的干预措施导致患者的死亡。

实施安乐死的行为在满足法定的实体条件的前提下，还必须严格按照程序规则来操作。在程序设计上，有4个关键的内容需要规范：一是病人的申请；二是医师的诊断；三是病人与医师协议的达成；四是医师实施安乐死的行为。而贯穿始终的是法院的主持和监督以及公证机关的公证。法院和公证机关的“第三者”的中立姿态在此程序中必须得到充分的展现。

安乐死由来已久，最早出现在古希腊。当时，人类社会生产水平低下，生活资料不足以养活所有的社会成员，因而有了安乐死的习俗。如斯巴达人为了保持健康与活力，往往会处死生来就存在病态的儿童。亚里士多德曾在其著作中表示支持这种做法。在《理想国》一书中，柏拉图赞成把自杀作为解除无法治疗的痛苦的一种办法。当时的许多哲学家、学者和政治家都在认同对老人与虚弱者实施自愿的安乐死。

当人类社会进入生产力水平比较高的阶段后，关于安乐死的讨论就相对沉寂了一段时间。宗教诞生后，对人类的思想文化产生了巨大影响，同时也改变了人类对生死的认知。在宗教观念中，通常认为人的生命是天神赐予的，死亡也由天神来决定，只有君主有权代表天神主宰臣民的生死。病痛，包括临终前的痛苦，往往被看成天神的惩罚，因此，自杀与安乐死被认为是篡夺了造物主主宰生死的权力。随着 16 世纪后人本主义的兴起，天赋人权的思想盛行，并不提倡安乐死。但是也有学者从社会的效益和理性的思考出发，考虑和提出过安乐死的主张。如 F · 培根在《新亚特兰提斯》（又名《新大西洋》）一书中，主张实行自愿的安乐死。但总的来说，关于安乐死的讨论少之又少。

到了19世纪30年代，纳粹德国重提安乐死的概念，并进行大肆宣传和广泛推行。实际上，纳粹分子是在借安乐死之名，大行种族灭绝政策之实。纳粹的残暴罪行给安乐死的讨论造成了诸多影响，人们谈及这一问题时不得不有所忌讳。

后来，随着医学的发展，安乐死问题又引起了广泛的兴趣。作为医学伦理学基础的希波克拉底誓言，一方面要求医生解除病人的痛苦，另一方面又要求延长病人的生命，科学技术的进步的确使这两者在某种程度上成为矛盾。以前只要一个人无法进食，生命就难以维持，而呼吸、心跳停止，就算死亡。现在人体的许多功能都可以用人工的方法维持。同时，由于一些治疗措施的进步，许多不治之症可能会拖很长时间。这样一来，病人临终前的痛苦也延长了，这种痛苦不可能在死亡到来前解除。不少疾病终末期的病人，由于不能忍受病痛的折磨，哀求医生结束他的生命，当他们的要求得不到满足时，他们有时就会自杀。但无论是否了解生理解剖，在结束自己的生命时，往往都不得不忍受多余的痛苦。于是，有关安乐死的案例和讨论不断出现。

关于安乐死一直是个热门话题，也存在很多争议。

第一，法理争议。有言论认为安乐死有悖宪法。实际上，这种说法并不准确。从法律上来说，《宪法》规定公民人身自由与人格尊严不受侵犯。这是有特定含义的。首先，公民个人有权选择生存的方式。但与此同时，公民在特定条件下也有权选择死亡的方式。安乐死的根本的出发点是考虑为患者解除痛苦，它是一种在特殊情况下，在不违背国家、社会和他人利益的情况下所采取的一种对生命的特殊处理方式，这种方式是有严格的条件与程序的。现在欧洲一些国家所实行的“安乐死”立法都是在传统道德与现代法律之间所作的选择，并不存在有悖法律之处。有专家提出了这样的观点：宪法虽然规定了“公民在年老、疾病或者丧失劳动能力的情况下，有从国家和社会获得物质帮助的权利”。但是，从我们的现实生活中看，做到这点有些不现实，“久病床前无孝子”的俗语正说明了这一点。也有专家认为：宪法这一条款，仅仅体现了国家有帮助公民延续生命的责任，但既不意味着国家可以强制公民延续自己的生命，也不意味着国家不能帮助公民结束自己的生命。但是，也有专家认为，安乐死没有被确认事出有因。首先，在现有的法律条件下，安乐死可能引致“故意杀人”。患者自杀不会影响别人，但是，如果他本人想结束生命，医护人员及家属协助满足其请求，属于《刑法》中的“帮助自杀”行为，涉嫌故意杀人罪。其次，安乐死如果以法律形式确认下来，可能会被一些人利用，用以非法剥夺他人的生命。另外，在人类对疾病的认识还十分有限的情况下，未经法律许可而结束他人生命，有悖于生存权利的道德准则。

第二，伦理争议。现代意义上的安乐死涉及了不同的人及群体，包括安乐死者本人、医务人员、死者亲属及其他需要医疗救助者。由于各方的社会身份、社会角色、责任和义务不同，世界观、人生观、价值观也不同，导致不同的人或群体具有不同的安乐死观念，引发了以下 5 个方面的伦理争议。

生命神圣论与生命质量论之争，这是安乐死中首要的伦理争议。生命神圣论否认安乐死具有伦理价值，认为人的生命“神圣不可侵犯”，任何人不得违背神的意愿而随意结束生命，包括自己的生命和任何他人的生命，即“人活着不是一种选择，而是一种义务”。由于西方的宗教传统，生命神圣论的观点颇为流行。生命质量论则肯定安乐死具有伦理价值，突出强调了人权和人的社会价值的重要性，认为一方面人具有社会属性，因此必须保证最低限度的生命质量才有必要继续存活；另一方面人具有社会价值，当社会价值被破坏时，人的生命质量就失去了意义，人有选择结束自己生命的自由。

救死扶伤原则与减轻痛苦原则之争。在医学伦理实践中对安乐死的反对与支持主要反映了两种医学伦理原则，即救死扶伤原则与减轻痛苦原则之间的矛盾。救死扶伤原则自古以来都是医家的根本行为准则和职业道德。在被奉为医务人员操守准则的《希波克拉底宣言》中就明确表示“我绝不会对要求我的任何人给予死亡的药物，也不会给任何人指出同样死亡的阴谋途径”。成立于1947年的世界医学协会在充分肯定该誓言的基础上，制定了日内瓦法规，强调医生必须以保护生命为己任。因此恪守救死扶伤原则的人们认为安乐死违背救死扶伤原则，是变相剥夺他人生命，是有悖于医生职业道德的行为。减轻痛苦原则也是医学伦理实践中的一条重要原则，医生的职责除了治愈疾病还包括为病人减轻痛苦。安乐死的支持者认为，为患者治疗疾病是减轻痛苦，当患者患有不可治愈的疾病并遭受极其痛苦的折磨时，使其结束痛苦无痛死亡亦是减轻痛苦，是人道的行为。任由那些身患无法治愈的疾病而又濒临死亡的患者饱受病痛与医疗手段的折磨，医生却无动于衷，这才是不人道的，才是有悖于医生职业道德的。因而现代医生的职责不仅在于“挽救生命”，还在于采取一切必要措施来减轻或免除病人的痛苦，以表现对病人的深层伦理关怀。

资源浪费与合理分配之争。在关于安乐死的争论中，资源的分配一直是争论的一个焦点。安乐死的支持者认为社会的人财物等资源十分有限，将大量资源用于救治那些患有不可治愈病症的人，或者用于维持那些植物人以及重残儿童的生命，实质上是一种对医疗资源的浪费，破坏了社会公正。而允许患有不可治愈病症者或植物人的安乐死则能使一部分医疗资源被节省下来，从而用于更需要医疗救助的人。反对安乐死的人则认为，虽然社会的人财物等资源非常有限，但如果以“节约资源”为名为患有不可治愈病症者实施安乐死，则可能导致对人的功利化理解，而且每个人都是社会的组成部分，因而每个人理当享受基本的生存权利。以“节约资源”为名使不可治愈者或植物人安乐死的行为，强制性地剥夺了他们的基本生存权利，恰恰破坏了社会公正。

关于这个问题，还有一种观点认为：实施安乐死的目的是“让患者自主地选择以有尊严的方式离世”，与资源分配的问题无关。这里更不应该把植物人牵涉进去，因为他们已经没有自主选择的能力。此外，关于如何判定一个植物人死亡与否以及是否应该将植物人纳入到安乐死的讨论范畴的问题，也是存在争议的。关于是否应该以脑死亡为标准判断植物人是否死亡存在争议；如果对此问题的回答是肯定的，则不存在用安乐死的方式让他们离世的问题，因为他们已经死亡了。

自愿选择与情境选择之争。20 世纪 70 年代以来，有些学者将自愿安乐死限于承受难以忍受痛苦、自愿谋求死亡的绝症病人，认为患者拥有选择安乐死的权利，因此必须尊重他们的安乐死意愿，才能体现对患者的伦理关怀。但是也有学者出于境遇伦理学的考虑，主张人总是处于一定情境或境遇之中，并从这种情境或境遇出发做出自己的伦理决策，从而对患者的安乐死意愿的真实性提出诸种质疑：第一，每一个人都有活下去的权利，活着总比死要好。第二，自愿难以确定，一个患者在疼痛发作或因服用药物而精神恍惚或抑郁时表示的意愿是否可以算数？很可能在疼痛缓解或意识清醒时，他又想要放弃自己的安乐死请求。第三，患者在接受治疗的过程中，产生悲观的情绪从而做出某种生命的选择，但若这种悲观情绪产生的缘由可能是不成立的，则会导致患者做出不符合其利益的死亡选择。因此，应当谨慎对待安乐死。

中国传统“孝道”与现代亲情理念之争。在中国的安乐死讨论中，支持与反对安乐死的争论主要表现为传统孝道与现代孝道对“孝”的理念之争。反对安乐死的认为，子女及亲属必须尽全力延续患有重病的父母及其他亲属的生命；而现代亲情理念作用下的安乐死的支持者则坚持认为，当病人遭受不可治愈的疾病折磨、难以忍受病痛的情况下，患病父母及其他亲属应该拥有选择安乐死的权利，子女及亲属要尊重父母本人的意愿，这才是“孝”。

世界各国对于安乐死合法化都作出了相应的努力。

1935 年，英国成立了世界上第一个自愿安乐死合法化委员会。3 年后，在美国也成立了同样的委员会。1976 年，在日本东京举行了第一次安乐死国际会议，宣称要尊重人“尊严死去”的权利。此后，法国、丹麦、挪威、瑞典、比利时、日本，甚至在天主教信徒很多的意大利、法国和西班牙也都出现了自愿实行安乐死协会，旨在使安乐死合法化。英美的安乐死协会还曾起草过能妥善防止谋杀、欺骗、过早执行安乐死的提案，但他们的提案均被国家和地方立法机构一一否决。

1987 年，荷兰通过一些有严格限制的法律条文，允许医生为患有绝症的病人实行安乐死。在德国，安乐死协会的会员 1994 年已达 4.4 万人。1999 年，德国外科学会首次把在一定情况下限制和终止治疗作为医疗护理原则的一项内容。1996 年 5 月 25 日，澳大利亚北部地区议会通过了《晚期病人权利法》，从而使安乐死在该地区合法化。但就澳大利亚全国而言，至今仍无安乐死的国家立法。

荷兰于 2002 年 4 月宣布安乐死合法化，成为世界上第一个承认安乐死合法的国家，每年约有3000多人接受安乐死，不过，安乐死的执行非常严格。在荷兰，患者在申请安乐死时必须头脑清醒。同时，一个由医生、医学专家、律师组成的评估小组将对患者的病情做出评估，只有在认定患者疾病无法治愈、剩余的生命不得不遭受病痛的折磨时，才会批准其可以接受安乐死。如不能满足相关标准，安乐死在荷兰仍然是犯罪，实施安乐死的医生将会受到起诉。

本书作者德卢拜选择安乐死的国家比利时是继荷兰之后，全球第二个承认安乐死合法化的国家。2002年，比利时将安乐死合法化，但选择者需要满足一定的条件才能实施。诺贝尔医学奖得主、比利时著名科学家杜维于2013年5月4日以安乐死的方式辞世，享年95岁。他是继2008年辞世的比利时作家、用荷兰语写作的克劳斯之后，第二位选择安乐死的比利时名人。

目前，除荷兰外，日本、瑞士、比利时、奥地利、丹麦、法国以及美国一些州都通过了安乐死法案。在此，我们可以发现，世界上许多国家均以各种形式对安乐死的合法化表示认可，但同时也为其规定了极为严格的法定条件和程序。从总体上说，世界各国对安乐死的合法化还是采取了较为谨慎的态度。至于我国，由于安乐死涉及道德、伦理、法律、医学等诸多方面的问题，至今尚未为之立法。

“安乐死”在中国

1986 年发生在陕西汉中的我国首例安乐死案件，曾历经 6 年艰难诉讼。医生蒲连升应患者儿女的要求，为患者实施了安乐死，后被检察院以涉嫌“故意杀人罪”批准逮捕。案件审理了 6 年后，蒲连升终获无罪释放。但这并不意味着安乐死的合法性，安乐死仍是违法的，只不过由于蒲连升给患者开具的冬眠灵不是患者致死的主要原因，危害不大，才不构成犯罪。

1988 年 7 月 5 日，中华医学会、中国自然辩证法研究会、中国社会科学院哲学研究所、中国法学会、上海医科大学以及其他相关单位，联合发起召开了安乐死学术讨论会。与会的各界代表一致认为，考虑到中国的具体情况，目前还不存在为安乐死立法的条件。

自1994年始，全国人代会提案组每年都会收到至少一份要求为安乐死立法的提案。在1997年首次全国性的安乐死学术讨论会上，多数代表拥护安乐死，个别代表认为就此立法迫在眉睫。但法律实现的是大多数人的意愿，安乐死是否符合大多数人的意愿，眼下尚无科学性的调查结果。而且法律付诸实践，就有极大的强迫性，一旦安乐死立法，它就像横在病人面前的一把双刃剑，用得好，就可以真正解除病人的痛苦；用得不好，就可能被不法不义之徒滥用，成为剥夺病人生命权利的借口。

因此，在我国，虽然有些地区有悄悄实施安乐死的案例，但安乐死并未获得合法地位。据现行刑法解释，安乐死属故意杀人罪，对于其法律后果，一直有两种争论。一方认为，安乐死不能否认其行为的违法性，仍构成刑法上的杀人罪，但处罚可以从轻；另一方认为，安乐死虽然在形式上具备故意杀人罪的要件，但这是在病人极度痛苦、不堪忍受的情况下提前结束其生命的医疗行为，而医疗行为是正常行为，因而不具备违法性，不构成杀人罪。

总的来说，中国的法学界人士对于安乐死出言十分谨慎，认为安乐死立法为时过早。有法学专家认为，安乐死立法和怎么实施是密切联系的，安乐死实施方法将影响到能否制定这个法律。目前看来，我国无论是在医疗技术还是医生的职业道德，都不具备安乐死立法的条件。而另外也有专家表示，对于安乐死，社会的立法需求现在还没有达到一定的程度。尽管社会上一些人士呼吁安乐死立法，但从我国的一些伦理道德观念以及现行的一些法律障碍等方面来看，都不具备实施安乐死的条件。

目前，医学专家们都在呼吁出台《器官移植法》和《脑死亡法》，目的是为了让脑死亡者捐出活体器官救活他人。从医学的角度上讲，脑死亡病人即使有呼吸心跳等生命特征，也已没有任何的生存意义。实施脑死亡，可大大减少医疗资源的浪费，也可以减轻医疗负担。而安乐死的病人则不同，虽然医学水平已回天无力，可是病人不但有呼吸和心跳，而且大脑的功能完好。实施安乐死，就相当于人为地让这些病人死去。在缺少法律和社会伦理支持的今天，医生这种让这类病人安乐死的做法无异于“杀人”。因此，有医学专家认为，在《器官移植法》和《脑死亡法》出台之后，再来谈安乐死的立法才更有意义。

很多国家和地区（包括我国的香港、台湾地区）都通过了有关承认脑死就是人死的法律。日本抵制脑死概念许多年，其国会于1998年通过了承认脑死与心脏呼吸死亡概念并存的法律。中国大陆依然没有在法律上承认脑死，在我们还未脑死亡争论之时，讨论安乐死的立法是不现实的。但这并不能阻止国内民众要求安乐死合法化的呼声。病人应该有尊严死的自主权，这是拥护安乐死的人所持的充分理由。

著名作家史铁生在《安乐死》一文中说：与其让他们（植物人）无辜地，在无法表达自己的意愿，无从行使自己的权利的状态下屈辱地呼吸，不如帮他们凛然并庄严地结束生命。这才是对他们以往人格的尊重，才是人道。从某种意义上来说，安乐死可以节约我国有限的医疗资源，把它用于更有治疗希望的病人身上。

“安乐死”与“尊严死”的区别

“尊严死”和“安乐死”在很多方面具有相似性。它们之间的区别对于许多人来说都充满困惑。这本身就是一个极为敏感的话题，从一开始就挑战着人们最脆弱的伦理神经。

有学者曾对安乐死与尊严死作了明确甄别，认为安乐死是通过注射药物等措施帮助患者安详地结束生命，是积极的、主动的、带有协从性质的“助死”，目的是为了结束进入临终状态患者的痛苦；而尊严死则是一种自然死亡状态，是指对没有任何恢复希望的临终患者或植物人停止使用呼吸机和心肺复苏术等治疗手段。目的是减轻肉体痛苦使其处于安详状态的一种“等死”，尊严死是消极的、被动的，是医疗措施的不作为。

与让病人无痛苦死去的安乐死并不相同，尊严死是一种在病人弥留之际，不做过分的治疗，只用安宁缓和的方式给病人以临终关怀，最大程度地减轻他们的痛苦，让他们自然而有尊严地离开这个世界。相对“安乐死”一词，“尊严死”使用得更为普遍，它仅指放弃治疗、任由患者自然死亡的“被动安乐死”，而不包括注射药物帮助患者死亡的“主动安乐死”。

从表现形式来看，“尊严死”仅允许医生为绝症患者提供死亡的“手段”，而不允许医生像“安乐死”那样“亲自”加入直接导致病人死亡的过程，否则就会被控犯下杀人罪。

“尊严死”强调病人在经历极度病痛的折磨之前能够保持自己的尊严而“体面”地死去，否则病人死前就可能因病情的进一步恶化而完全丧失自己宝贵的尊严，留给亲人的自然是噩梦般的可怕记忆。

也有人认为，“尊严死”是一个更大的范畴，它包括很多方式，如舒缓疗护（palliative care）等，“安乐死”只是其中的一种。

相关新闻报道

报道一

见　证

（编译自法国《心理月刊》2013 年 1 月刊）

2011 年 10 月 19 日，玛丽·德卢拜在布鲁塞尔选择了死亡，终年 58 岁。自从被诊断为癌症以来，她一直计划着去比利时迎接生命最后的时刻。在那里，安乐死是合法的。然后，她为自己的死及葬礼都做了安排，对亲友也交代了后事。这位曾经的记者甚至还鼓起勇气写了一本书来解释她的选择，并希望尽自己的绵薄之力去促进法律的更改。为了纪念她所做的抗

Date : 01/01/2013
Pays : FRANCE
Page(s) : 82-86;88
Diffusion : (372630)
Périodicité : Mensuel

PSYCHOLOGIES

L'euthanasie, un cas de conscience

TÉMOIGNAGES

Marie Deroubaix a choisi de mourir le 19 octobre 2011 à Bruxelles. Elle avait 58 ans. Condamnée par un cancer, elle a organisé la fin de sa vie en Belgique, où la loi autorise l'euthanasie. Puis elle a préparé son départ, sa sépulture, ses proches. Cette journaliste a également trouvé la force d'écrire un livre pour expliquer son choix, en espérant qu'il contribuerait à faire changer la loi. C'est en mémoire de son combat que ses proches ont accepté de partager la façon dont ils avaient vécu son départ volontaire.

« Puisqu'en France on met sous respirateur, on sédate les incurables pour qu'ils perdurent, refermant sur eux la porte de l'enfer, je passerai la frontière. En courant les provinces belges, je découvrirai une solution plus respectueuse qui me permettra de m'endormir en douceur [...]. Notre système de fin de vie, en France, est une folie qui l'emporte sur la raison ! Si j'avais encore le temps, j'aimerais écrire quelques articles dénonçant ce système, mais pour moi, le timing est trop serré, je dois consacrer le peu de temps qui me reste à chercher comment m'éteindre ailleurs. La douce France ne sera pas la terre d'accueil de mon dernier souffle [...]. Tout ce que je demandais, c'est une belle fin, entourée de mes proches, chez moi, dans mon cocon. Partir en vacances à la mer, une dernière fois, ou à la campagne pour écouter le chant des oiseaux, rêver encore un peu à la vie qui est si extraordinaire [...] Je dois préparer ma mort en douce. »

Extrait de *Six Mois à vivre, mourir dans la dignité* de Marie Deroubaix (Le Cherche Midi, 2012)

82 - PSYCHOLOGIES MAGAZINE - JANVIER 2013

争，她的亲人和朋友们在此坦露了他们所经历的这次“自愿离世”。

在法国，我们总是给绝症病人插氧气罩，打强心针，让他们活下去，关上已向他们敞开的冥府之门。而我，要跨越生死边界。跑遍比利时各省后，我找到了更有尊严的、安逸“睡去”的办法。

法国的临终体系最终堕落为隐秘的谋杀。疯狂战胜了理性。时间允许的话，我还想写几篇文章揭露这一体系，若能抛砖引玉就更好了！我时日无多，还得花所剩无几的时间去远方寻找死亡的方法，就像寻找传说中的圣杯。法国终将不是我的长眠之地。

我所祈求的一切，不过是一个美好的收场：身边有亲友陪伴，在我家，在我自己的小天地里离开人世；去海边度假，抓住最后一次机会；或是去乡间听听鸟儿的啼鸣，再一次梦见生命是如此精彩……

我必须有条不紊地安排我的死亡。

（节选自《我选择，有尊严地死去》）

Date : 01/01/2013
Pays : FRANCE
Page(s) : 82-86,88
Diffusion : (372630)
Périodicité : Mensuel

PSYCHOLOGIES

"Mon devoir, mon amour, c'était de l'aider"

Tous droits de reproduction réservés

“我的责任，我的爱恋，就是去帮助她。”

——贝特朗，作者的丈夫

玛丽总是对我说："如果有一天我这样了，我要死得有尊严。"后来，这一天来了。当她得知自己的肿瘤已经转到脑部，无药可救时，她想立刻就死去。我问她："你就不能为了我再多留几天吗？"她回答："好吧，我再多活几天。"于是，尽管不停在比利时—法国之间往返，我们还是度过了一个美好的夏天。她这样做是为了我，为了她女儿，也为了她的朋友们。我想，对于她来说，这段日子也许非常可怕，因为她知道自己时日无多，而且有可能无权做任何安排，最后卑微地死在医院里。没有人可以代替她去了解哪些能够承受，哪些不能。没有人有权利评价她。死亡是复杂的事，有时几近一套模式。玛丽并非自杀。她知道她在世上最后的时光只会是一种痛苦，她一心只想着让自己，同时也让我们避免这种痛苦。比利时的法律能允许这一切。她知道自己可以去那里接受一位正直仁慈的医生帮助，这给了她很大力量。自始至终，我对她的生活意愿和决心都记忆深刻。我的责任，我的爱恋，就是去帮助她。我竭尽所能让她减少一点恐惧，但难以理解的是我们自己国家的法律却不允许人这样选择。我决定陪伴她，去她决定要去的地方，对此我从未疑惑。

Date : 01/01/2013
Pays : FRANCE
Page(s) : 82-86,88
Diffusion : (372630)
Périodicité : Mensuel

PSYCHOLOGIES

L'euthanasie, un cas de conscience

“Aujourd'hui encore, je suis tiraillée”

“直到今天，我仍旧饱受折磨。”

——亚历山德拉，作者的女儿

我从来不相信妈妈无药可救了，我也不想知道人们是不是真的束手无策。我觉得她还太年轻，我也是。一定会有些什么来阻止她，只是我没想到一切来得那么快……记得她第一次对我说安乐死的时候，我大概只有 15 岁。她说，如果有一天她得了重病，就让人终止她的生命。我对她说，可以找点轻松愉快的话题，于是我们就谈别的去了。后来，她说她得了脑瘤，并且一切准备就绪要去比利时，我一下子陷入了两难的境地：要么承认她做了个正确的决定并尊重她的选择；要么想尽一切办法去阻止她。直到今天，我仍旧饱受折磨。我很高兴她躲过了痛苦和衰弱，她是那么害怕它们，胜过害怕死亡，然而没有了她，没有了那些我们本可一起度过的日子，我的生活一片空白。我多想她在世上多留些日子，多想能继续去她家看她，越多越好。可是，我却同她告别，任凭她死在远方。生活有时候极不公平，但这并不意味着法律也可以同样不公……

Date : 01/01/2013
Pays : FRANCE
Page(s) : 82-86,88
Diffusion : (372630)
Périodicité : Mensuel

PSYCHOLOGIES

“Le cauchemar, c'est la maladie, pas l'euthanasie”

Tous droits de reproduction réservés

“真正的噩梦是疾病，而不是安乐死。”

——科琳娜，作者的朋友

我对玛丽说起过我父亲最后的日子，他一直坚持到了弥留之际，我很高兴陪伴他这么长时间。而她却问我：“你是很高兴，他呢？”我的父亲，他最后说：“让我走吧……”我们争论过好几次，玛丽坚持认为，如果爱一个人，就不应该让他受苦。为了我们，她已经尽自己所能去忍受了。她说她的脑袋里像装了台鼓风机，她的身体渐渐开始不听使唤了……她会疼得哭，而我无能为力，只能和她一起哭。我很想有尽可能多的时间来守护她，但这意味着痛苦，并不人道。她也不想死，她也会害怕，但她知道她要什么，她的勇气让人难以置信。我不知道我是否也能有这样的勇气。我们一起度过的最后一个周末，大家都乐翻了。谁都不知道她即将离去，她自己也不知道。到了周一，我去上班，而她去了布鲁塞尔。她甚至都没有力气给我打电话，是她女儿通知我的，可我居然脱不开身，不能向她道别。在她生命最后的三天里，我们两地相隔，这太糟糕了。糟糕，而且绝对不公，对她，对贝特朗，对我们都是如此。真正的噩梦是疾病，而不是安乐死。我见证了玛丽与贝特朗的婚姻，见证了最美好的事情，却从未想到会变成最不幸的……

“在我看来，她有些操之过急。”

——古列尔米，作者的医生

每一件案例都是个案，这关系到病人和医疗团队是否人道，是否成熟。正因如此，我很难对有关安乐死的法律作出评价。玛丽•德卢拜对我而言无疑是一个由个人意识主导的例子，因为从一开始，她就禁不住向我吐露了心声。她从来没有任性而为，只是想由自己来控制局面，直到最后。有时我会问自己还会不会允许同样的事情发生。她在我们之间强行制造了一种绝对平等的关系，最终在她的意愿和我所认为对她好的方式之间找到了一种妥协。事实上我们很难形成共识，但我们互相尊重。很快，她就问我，到时候我是否能帮助她结束一切。我说，我不能这么做，但我也不会放弃她。她告诉我，她正在比利时想办法。在我看来，她有些操之过急，我想帮她走得更远一些，也许到圣诞节，但在她看来，这是不可能的。从她感觉自己不能完全控制身体开始，在丧失尊严以前，她就放弃了要活下去的念头。什么也不能让她改变想法。我记得我们不厌其烦地讨论着她的决定，但她已经为自己设定了一个不能跨越的界限，对此我不想评价。

报道二

一生“唯精神”至死“要尊严”

（转载自《新民晚报》2008年5月10日 记者翁思再[①]）

著名学者、原中共上海市委宣传部长王元化同志因病于昨晚[②]22时40分在瑞金医院去世，享年88岁。

今天凌晨1时许，闻讯赶到瑞金医院为王元化先生送行的人们，垂首，缓行，把先生遗体送进太平间后，集体默默地三鞠躬。

一生捍卫尊严

在先生停止呼吸的40分钟之前，有过一次起死回生的机会。当时，熟睡——准确地说是昏迷中的他，血压高达240毫米汞柱，并有窒息征兆。医生按

① 翁思再：现为华东师范大学研究员，曾任新民晚报记者、编辑。本文系作者2008年任职于新民晚报期间采写，刊登于本书中时经本人重新编辑略有改动。

② 昨晚：指2008年5月9日。

惯例准备抢救，询问家属意见，回答是：不要。

这是家属第二次这样表态。第一次是在一周前，先生体内积水，脸部肿起，医生准备好器械，询问是否同意做抽除积水手术，回答也是：不要。

这是为什么呢？

记者作为王门弟子，曾多次听先生如此说：一个人临死之前，若是浑身插着各种管子，甚至被开膛剖肚，那景象多么狼狈呀；人活着要有尊严，死的时候也要有尊严。

承义兄（按：元化先生的公子）也曾告知："家父一再嘱咐，并要我向他保证，在生命最后阶段，千万不可同意实施创伤性的抢救方案。"

当年，王元化先生在极"左"路线的高压下，捍卫真理和人格尊严的表现，可歌可泣。而他此番有尊严而且从容地远行，同样值得我们敬重。因晚期肺癌住院的他，半年来每天早起要认真梳头，穿戴得整整齐齐。有时久睡起床时发现头发散乱，他会拿起梳子重新打理。

理性对待死亡

重病中的先生曾对我们说 :“我的一生可以说是一个‘唯精神’者，可是现在的状态，成为纯粹生理意义上的人了，因此我很痛苦。”然而他把这个痛苦埋藏得很深。最近两三个礼拜，他常常是醒来片刻，与探望者喃喃说几句，又昏迷过去了。不过即使在这样短暂的苏醒时刻，他也不乏幽默感。我的师弟钱文忠来到病榻前问道 :“你还认识我吗？”先生故意拿腔拿调、一板一眼地回答 :“你是忠一文一钱。”北大教授吴小如与他阔别多年，来探望时也问还认识吗？他反问 :“你不是俞平伯的弟子吗？”有一次发现二姐在病房里向隅而泣，他就劝慰说 :“不希望你为我哭。人总有这一天，我们应该理性面对死亡。”

筹建王元化学馆

缠绵病榻的元化先生，一直关心着国际国内的时政和学术问题。据每天随伺在侧的吴洪森师兄告知，年初，旅美华人学者林毓生两度来到病榻前，与先生就中国近现代思想史问题进行对话。前天，来沪参加陆家嘴论坛的澳大利亚华人经济学家汪丁丁来，略事寒暄，就说：“给我说说当前中国的经济形势吧”。

元化先生早就把他的所有手稿、信件、日记、笔记等，分别捐给了上海图书馆和上海档案馆。最近，有关部门同意筹建“王元化学馆”，上述文物将送去陈列。王元化是华东师大特聘教授，以后王元化学馆就设在中山北路校园丽娃河畔的“红楼”。筹建这个学馆的许多工作，就在他的病榻旁完成。先生反复告诉大家，这个学馆不要搞成纯粹纪念性质的，而要切实办成一个人文研究基地，完成他未竟的课题。

哪些是元化先生的未竟课题呢？他晚年谈得较多的学术问题，涉及到“五四”新文化运动的反思、毛泽东思想对列宁主义的继承问题、世界各民族文化中的抒情性特点以及京剧与传统文化等等。

有关文化的遗言

他在病榻上的娱乐，是打开央视十一频道看京剧节目。有一天，我偶得苏少卿弟子、南京82岁老作家俞律学唱的汪谭两派戏录音，送到他耳旁播送，他忽然睁大了眼睛，如闻空谷足音，连称：“好，好，告诉电视台，赶快抢救。”他在病中，耳提面命地指导我完成了《京剧丛谈百年录》增订本的编著工作。在交付中华书局之前，又把我叫去，命我补入他《清园谈戏录》中的三篇文章，叮咛道：其中附在论伍子胥文章后面的《辨儒法》一文，看上去同京剧的话题无关，实有深意在焉。此话似曾相识，他在《新民晚报》“夜光杯”副刊发表京剧系列散文后，对我说，这些文章看上去是谈京剧，实际上说的是整个文化问题。不过《辨儒法》的深意具体在哪里呢？他没有说，大家慢慢体会吧。

正道直行的王元化先生走完了人生道路。安息吧，伟大的哲人，中国知识分子将以您为楷模，“为学不作媚时语”，永远捍卫文化尊严。

报道三

全国人大代表顾晋：建生前预嘱中心推“尊严死”

（转载自《东方早报》2012年3月11日 记者俞立严）

全国人大上海代表团代表、北京大学临床肿瘤医院结肠肿瘤外科主任顾晋向十一届全国人大五次会议提交代表意见，提出通过行政法规或行政规章在我国使生前预嘱具有必要的法律效力并在全社会推广“尊严死”。

他表示，“尊严死”是社会文明的标志，是遵从自然规律和体现生活和谐的主张。顾晋代表说，通过本人事先签署的生前预嘱，在生命末期按照尽量自然的方式，有尊严地离世，不仅是对生命的最大尊重，也能让医务人员和家属在处理这类问题时，产生心理上的崇高感和强烈的道德伦理要求。

顾晋代表介绍说，随着我国社会和经济发展，人们对生命质量的日益重视，“尊严死”已经日益深入人心。通过填写生前预嘱（living will）使人们根据个人意愿，自主选择在临终时是否使用呼吸机等人工生命支持系统延缓死亡的做法，正在世界上许多国家和地区，帮助人们以接近自然死亡的方式追求更多临终尊严。为区别涉及主动致死行为的安乐死，在越来越多的文献中，这种做法被称为“尊严死（death with dignity)”，不再建议使用“缓安乐死（passive euthanasia)”等容易混淆的名称。

顾晋代表表示，这种建立在个人知情同意权基础上的死亡方式，是缓和医患矛盾的良药。死亡是所有生命的归宿，所以其最大受益者实际上是社会的全体公民。

顾晋代表就此提出建议，参照各国相关经验，建立“生前预嘱注册中心”，并通过合适的行政法规或行政规章，使个人填写的生前预嘱具有必要的法律效力，是推广“尊严死”的有效办法之一。

在顾晋代表看来，注册中心一般是由政府资助的民间公益机构，年满18岁的公民均可以通过注册，建立表达本人意愿的生前预嘱。对自己在生命末期要或不要什么医疗照顾，包括要或不要生命支持系统延缓死亡，要或不要捐赠遗体和器官以救助他人等等内容做出预先指示。

而注册中心为注册者提供的服务有：文本存储、定时更新和必要时将文本传送至各类需要使用这个文本的医疗机构。注册中心的主要功能是使每位注册者的生前预嘱文本处在真实、准确、随时可以检索使用的状态。

在具体措施上，顾晋代表建议，批准成立由相关职能部门指导下的“生前预嘱注册中心”。通过使用本人签署的生前预嘱，使“尊严死”在中国变成现实，惠及中国的全体公民，并为“尊严死”提供确定的法律支持。通过合适的行政法规或行政规章使个人填写的生前预嘱具有必要的法律效力，当事人和执行者按照生前预嘱实行的各种行为能够得到必要的法律保护。

此外，他还表示，作为相应配套措施，商业医疗保险应采取与社会医疗保险相结合的方式，对于正式注册了生前预嘱的被保险人应有相应的优惠条款和给付条件，这样才能提供全面的保障。

报道四

生命最后的尊严

（转载自《中国青年报》2012年11月21日 记者从玉华）

这绝不只是一根看起来仅有小拇指粗、一米长的管子。它在一个人生命的最后时刻，有与“老天”讨价还价的能力。

它穿过老许的鼻子，插进肺，每隔一会儿，就能吸出满满一管痰。当痰被吸出时，老许就能从昏迷中苏醒过来。起初，他能醒两三个小时，后来只能醒几分钟。

几个月过去，这根管子眼看就要输了。因为，“吸的速度不如产生得快”。疼痛难忍的老许用尽全力，写下几个歪歪斜斜的字：“痰在肚子里！”

这是他留下的最后的笔迹。

就在老许靠管子“活着”的时候，在遥远的美国，另一根管子插在佛罗里达州一家养护院里一个名叫特丽的女人身上。这一年是 2003 年。植物人特丽依靠喂食管，已经存活了 13 年。

关于要不要拔掉特丽的管子的争论，几乎震动了整个美国。

起初，当地法院批准了特丽的丈夫提出的申请，她的喂食管首次被拔去。仅仅两天后，另一法院作出相反判决，喂食管再次插上。后来佛州最高法院判定，要求拔掉管子。可法案通过仅一小时后，州长立即命令给特丽重新插入喂食管。

整个美国为特丽心碎。无数人抗议示威，举着标语牌："给特丽食物"、"别让特丽饿死"。甚至布什总统也介入"抢特丽"事件中来。

不过最后，医生们按照法律的判决，镇定地拔掉了特丽赖以维生的喂食管。警察甚至逮捕了不下 50 个想强行对特丽进行喂食的人。喂食管被拔掉 13 天后，2005 年 3 月 31 日，特丽真的被"饿死"了。

这场关于生命伦理的争议至今都被称作经典案例。

如今，越来越多的老许、特丽躺在中国和其他国家各个城市的重症监护室（ICU）。医生发现：死亡已经绑定医疗技术，从某种意义上讲，今天的死亡就是关机时间，或是停电时间——死亡被医疗技术“藏”起来了。

哈姆雷特的老命题，“活着还是死去，这是一个问题”，如今却成了全球性的新命题。

把死亡的权利还给本人

当罗点点和她的好朋友几年前成立“临终不插管”俱乐部时，完全没想到它会变成一个重大的、严肃的、要一辈子干到底的“事业”。“俱乐部”听来就不算个正经事。

罗点点是开国大将罗瑞卿的女儿，曾经从医多年。起初，她与几个医生朋友聚在一起吃吃喝喝，谈起人生最后的路，一致认为，“死得要漂亮点儿，不那么难堪”，不希望在ICU病房，身边没有一个亲人、“赤条条的，插满管子”，像台吞币机器一样，每天吞下几千元，“工业化”地死去。

最后，十几个爱说笑的人在一间简陋的老人公寓，嘻嘻哈哈地宣告俱乐部成立了。

直到有一天，罗点点无意在网上看到一份名为“五个愿望”的英文文件。这是一份美国有400万人正在使用的叫做“生前预嘱”的法律文件。它允许人们在健康清醒的时刻，通过简单易懂的问答方式，自主决定自己临终时的所有事务，诸如要不要心脏复苏、插气管等等。

也就是说，如果特丽在清醒时，就签署了这样一份文件，就不会有事后那场搅动整个美国的轩然大波了。

罗点点开始意识到：把死亡的权利还给本人，是一件非常重大的事！

而她自己就遭遇过“替别人决定生死的事”。

当时，罗点点的婆婆因为糖尿病住院，翻身的时候突然被一口痰堵住，心跳呼吸骤停，医生第一时间用上了呼吸机，虽然心脏还在跳动，可是没有自主呼吸，而且完全丧失了神志。还要不要使用生命支持系统维持老人的生命，让老人在这种生命毫无质量的状态下“活下去”，成了困扰整个大家庭的难题。

最后罗点点和家人一起作出了停用呼吸机的决定。后来，在整理老人遗物的时候，家人发现了老人夹在日记本里的一张字条，上面写着她对在自己生命尽头时不进行过度抢救的要求。

但当时身为医生的罗点点仍然感到后怕。如果没有这张纸条，或者纸条写着另外的意思，那怎么办？有什么办法能让这件事不像猜谜语，不再让逝者生者两不安？这时候又传来巴金去世的消息。

巴金最后的6年时光，都是在医院度过的，先是切开气管，后来只能靠喂食管和呼吸机维持生命。周围的人对他说，每一个爱他的人都希望他活，巴金不得不强打精神表示再痛苦也要配合治疗。但巨大的痛苦使巴金多次提到安乐死，还不止一次地说："我是为你们而活。""长寿是对我的折磨。"

2006年，罗点点和她的朋友成立了"选择与尊严网站"，提倡"尊严死"，希望人们在意识清醒时在网上签署"生前预嘱"。如今，网站累计有87万人次的流量。

她们设计的 LOGO 是一棵美丽的七彩树，树下一片红叶正在随风飘落。画面温馨得让人丝毫感觉不到与“死亡”相关。

罗点点说，她要用余生在全国种这棵“七彩树”，传播“生前预嘱”理念。她希望在咖啡厅、书店、银行、医院等公共场合，都能摆放关于“生前预嘱”的宣传册。

死亡就像一面镜子

中国抗癌协会副秘书长、北京军区总医院原肿瘤科主任、从医 40 年的刘端祺经手了至少 2000 例死亡。

他认为罗点点她们做的事儿，太重要了。这个每天把人从深井里往外拉、跟肿瘤作了几十年斗争的年过六旬的大夫说，从大三学内科起，他就知道了医学有很多“黑箱”没有打开，此前学外科时，他还一直信心满满。

正如他的同行、武警总医院肿瘤生物治疗科主任纪小龙说：医生永远是无奈的，三成多的病治不治都好不了，三成多的病治不治都能好，只剩下三成多是给医学和医生发挥作用的。

可数据显示，人一生 75% 的医疗费用花在最后的治疗上。

在那些癌症病人最后的时刻，刘端祺听到了各种抱怨。有病人对他说：“我只有初中文化水平，现在我才琢磨过味，原来这说明书上的有效率不是治愈率。为治病卖了房，现在我还是住原来的房子，可房主不是我了，每月都给人家交房租，我死的心都有。”

还有病人说：“就像电视连续剧，医生导演完每一集，都告诉我们，不要走开，下一集更精彩，但直到最后一集我们才知道，尽管主角很想活，但还是死了。”

有时候，刘端祺会直接对一些癌症晚期的病人说：“买张船票去全球旅行吧。”结果病人家属投诉他。没多久，病人卖了房来住院了。又没多久，这张病床就换上了新床单，人离世了。

在这 2000 多例死亡中，“花掉 370 万的人”是很独特的一个。这位房地产老板对刘端祺说，我最大的优势是有钱，我花 100 万让我老婆活 10 年没问题吧？

刘端祺说，一年都有问题，一个亿都活不成。

最后370万流水样花完了，患乳腺癌的妻子也走了。

这让刘端祺想起哈尔滨“550万天价医药费”。家属认为，我不惜一切代价，用最好的药、最先进的设备，人就不会走。而医院也很乐意被市场这只无形的大手拽着。可事实上，钱能买到高档病房，却买不到“不痛苦”，买不到命。

事后大家反思，在哈尔滨这间病房，只能看到各种医学技术的“表演”，而作为对人类同胞基本的关怀，“空气太稀薄了”。

刘端祺感慨：唯科学主义的医学把人看成了某种疾病或某个发生故障的脏器的载体，或者是某种能找到“显著差异”的统计学数字，这使得传统医学对鲜活生命的呵护异化成了“医生对疾病”、“医生对脏器”、“医生对数字”的“无人医学”。

在他看来，如今的医学现状，正如爱因斯坦早就担心的“手段日臻完善，目标日趋紊乱”的所谓“科学的进步”。越来越多的医生发现，现实生活中，无论多么高龄死亡都是“因病抢救无效”，这不是一句讣闻中的套话，而是一种社会意识。再也没有寿终正寝，唯有高技术抗争。

协和医院的大夫给罗点点团队的志愿者讲：我们抢救过一个老太太，她的孙子对我们说，你们一定要像打一场战役一样救我奶奶，而且这场战役只能胜利，不能失败。你知道他奶奶多大岁数了？ 105 岁！

对那种“生命不息，化疗不止”的观点，刘端祺一直持反对态度，可这种态度常常得不到许多同行的理解。

刘端祺说，整个医院，他最不愿意去的就是 ICU 病房，尽管那里展示着最先进的设备。在那里，他分不清“那是人，还是实验动物”。

事实上，汶川大地震后，一些在 ICU 病房接受过治疗的灾区孩子，几年后，仍然会画出对这里的恐惧：一个没有一丝笑容的男孩，耷拉着头，牵着狗，穿行在长长的没有尽头的黑漆漆的隧道里；自己被很多铁链捆着，扔在冰冷的水里；一个穿着晚礼服的女孩，露出她残缺的双腿，整个画面的调子是灰色的……

在 2000 多例的死亡中，刘端祺最难忘的是一个老太太的死。这个肺癌晚期的老太太，做了 3 个周期的化疗，被药物的副作用折磨得不成样子。她彻底弄明白自己的病情后，和医生商量，放弃化疗。

她住院时唯一的“特殊要求”是，希望有一个单间，这个空间由她自己安排。

她将这间单人病房布置得非常温馨，墙上挂满了家人的照片，还请人把自己最喜欢的一张沙发和几件小家具从家中移到病房。圣诞节、春节，她还亲手制作充满童趣的小礼物，送给来看望她的同事。

最后老人一直在镇静状态中度过，偶尔会醒来。醒来的时候，她总会费力地向每一个查房的医生、护士微笑，有力气的时候，还努力摆摆手、点点头——所有这一切，都保持了她那独有的优雅。直到最后，她再也没有醒来。

总在与死神拔河比赛的刘端祺说：每一次死亡都

是很个体的，死亡就像一面镜子。

可在无数次会议中，刘端祺都发现在“技术至上”的同行中间，自己是少数派。有时候坐在他身旁的“技术狂人”，明知他是谁，也不搭理他。

不久前，浙江大学医学院附属第一医院的毒理专家、医学博士陈作兵，没有选择放疗化疗，而是让父亲安享最后的人生。刘端祺曾和圈内人为此事在饭桌上发生了激烈的争吵，甚至到了快翻脸的地步。

死亡有一万扇门，你在哪扇门前谢幕？

罗点点也是。在一家电视台的演播厅，她成了举双手赞成陈作兵大夫的人，而另一派，进行了激烈的反驳。双方争得面红耳赤，主持人不得不数次出来“灭火”。

事实上，这样的争论发生在全国的好几家电视台、报纸上。连“总关注国家大事”的白岩松都花了20多分钟，专门谈这件事儿。

很多人发现，原来每个人都可能是“陈作兵或者陈作兵的父亲”，这可能是“每个家庭都会遇到的问题”。正如白岩松在节目开场白的发问：“死亡有一万扇门，你在哪扇门前谢幕？”

父亲走后，陈作兵的手机快被打爆了，其中不乏谩骂、质疑，但他坚持，如果还有一次机会，他还会这么做。

因为父亲在最后的日子，完成了在医院做不了的很多事——和亲友告别，回到自己出生、长大的地方，和做豆腐的、种地的乡亲聊天。他度过了最后一个春节，吃了最后一次团圆饭，7 菜 1 汤。他给孩子们包的红包从 50 元变成了 200 元，还拍了一张又一张笑得像老菊花的全家福。

他还种了梅干菜和南瓜。他说：“我怕是等不到收获的时候了，但是拉拉(他的孙女)还可以吃到。”

这个有公费医疗却放弃治疗、最终也没吃到梅干菜和南瓜的老人平静地走了。正如老人生前说的：“你看这水，一点一滴流到小溪里面，流到金沙河里面，再到富春江、钱塘江，最后汇进东海，无声无息的，人的一生，也是这样啊！”

这种诗一样的语言，也常常出现在北京大学医学人文研究院教授王一方的课堂上。他念因癌症离世的美国人崔雅的诗歌，讲海德格尔的哲学“人是向死的存在”，他还把死亡说成是“生命的秋千荡完了”。他把自己的课叫“死亡课”、“优逝课”。只是，这样的课常有学生逃掉，但几乎没有人逃医学技术的“主课”。

王一方也讲温暖的绘本。他甚至很希望，有一天，和一个癌症患者依偎在一起，读《獾的礼物》。

那实在是个小孩子都能读懂的故事：冬日的晚上，一只獾很老很老了，他吃完晚饭，靠近壁炉，坐在安乐椅上摇啊摇，一个美丽的梦境把他引入一条长长的隧道，他跑呀跑呀，丢掉了拐杖，到了另一个金灿灿的世界。第二天，狐狸宣布“獾死了”。冬去春来，村子里的动物们谈论得最多的是老獾。土拨鼠说，是獾教会我剪纸；青蛙说，是獾教会我滑冰；狐狸说，是獾教会我打领带；兔妈妈说，是獾把烤姜饼的秘密告诉了我……原来，獾留了这么多礼物给大家。

可王一方一直没有等到与临终病人“分享獾的礼

物”的温馨时刻。他的演讲顶多是在一群病人家属中进行而已，尽管很多家属听得热泪满面，但这样的“死亡课”一直没有进病房。

给别人让出空间，正如别人让给你一样

这样的挫败感，他的朋友罗点点有太多了。

她去医院大厅种“七彩树”，希望传播“生前预嘱”。医院的负责人婉拒了：“我们这儿是救死扶伤的地儿，谁接受得了你们说死呀！”

她让朋友在公园的合唱团里发问卷调查，唱歌的阿姨们不乐意了：“活得好好的，这么早让我们想到死？”结果没多久，真的死了一个人。大家都开始思考罗点点说的事儿了。

罗点点出了一本书《我的死亡谁做主》，她把新书发布会放在北京非常时髦的世贸天阶时尚廊举行。发布会是崔永元主持的，他笑称“这本书很难成为畅销书，还不如一个80后小孩写的书好卖”，但没办法，“这是一种责任”。他还念了史铁生的话：“死是一件无论怎样耽搁也不会错过了的事，一个必然会降临的节日。”

春节时，罗点点把这本书作为礼物送给所有的亲友。大家都说“真有你的，大过年的，说什么死不死的”。可看过书的朋友，又打电话对她说：这是一份文明的礼物。

她告诉别人自己在忙什么，有家境差一些的人直接反驳：“你说的问题太高端了，我们面临的不是放弃，而是没有。”

也有医生说，你们的理念挺好的，可在中国很难推下去。

很多时候，不是医生，而是中国人“孝道的传统观念”这把最有力的手，把各种管子插入了病人的身体。

有的医生一边看着胸透片子，一边对病人家属说：癌症晚期了，治疗的意义不大，但你们还是表表孝心，住院化疗吧！

还有的临终病人本人都不愿做最后抢救，但他的子女担心面对亲戚朋友甚至邻居，说因为自己不让医生治，把老父亲给“弄死了”，硬把老人塞进了 ICU

的一堆机器中，眼巴巴地隔着玻璃流眼泪。

除了孝，有的还有利。比如，有的家属就是不拔管子，病人一直躺了4年多，为什么不放弃，因为费用不需他支出，他活着一天就从单位领一天工资。还有个病人的儿子跟大夫说，你再给我父亲延长一天，我给你1000块钱。这天是31号。明白什么意思了吧？！因为“下月的工资就有了”。

实际操作中，“要不要抢救”到底听谁的？老人不想抢救，子女要抢救，医生接受哪个？老大签字不抢救，老二来了要告医生，你凭什么不抢救我爸啊！因此，现在医生出于自我保护，尊重家属的意愿远远胜过尊重病人的意愿。

最后决定拔管子了，在过去，谈清楚了家属同意撤，是由医护人员拔。现在决定撤时，就告诉家属怎么操作，他们自己动手解决。

有大夫说：我想起我第一次抢救病人时忍不住湿润的红红的眼圈；想起我见过的最孝顺的儿子签署放弃有创抢救他爹后，在地上“”磕的响头；想起患者走后家属的干嚎，随后在门口冷静摊派丧葬费用；想起无耻“医闹”，不及时为逝者入殓，就开始盘点医护失误准备官司——面对生死真是众生百态，人性毕现。

罗点点团队里的席修明是北京复兴医院的院长，他担任ICU主任几十年。他把自己的岗位称作“生死桥头”，称ICU技术是一种“协助偷生术”。

这个从34岁就开始担任医院ICU主任的专家，23年后，却当着记者的面，泼了ICU一盆子冷水。他说，他害怕ICU没有人情味，害怕那种只有机器响的环境。ICU的发展，在胜利中却迷失了方向。

他常提醒工作人员，一个微笑胜过一片安定。他要求他的同事多给机器旁的老人梳头、擦身体，抚摸他们，哪怕病人已经没有了意识。在台湾，老师会让医学生们到一间黑屋子里，每个人躺进一个棺材，用手电筒的光，照亮遗书，慢慢地读完，体会“死亡的滋味”。

“所以，医学是个贵族的学科，是自然科学中最具人性的，又是人文科学中最具科学性的。”席修明拍拍他面前的字典般厚厚的《剑桥医学史》，望着窗外的大树，轻声说。

这个一直与ICU打交道的大夫说，应该走出技术万能的魔咒，因为机器意志永远无法取代人性的甘泉。他早想好，如果自己快死了，坚决不住ICU。事实上，这也是国外一些医生的选择。有些同道专门在脖子上挂着“不要抢救”的铜牌，来避免这样的结局。甚至还有医生把这句话文在了身上。

死亡在这些医生眼里，就是油尽灯灭，再自然不过。正如《阿甘正传》中阿甘的妈妈对阿甘悄悄说的：“别害怕，死是我们注定要去做的一件事。”也如哲学家蒙田所言：“给别人让出空间，正如别人让给你一样。”

无论怎样选择都无解

文章开头老许的儿子小许，不赞成“生命的尊严”这样的提法。他还在电话里坚定地说：我一秒钟都不愿跟放弃父亲生命的医学博士陈作兵交往。

“那种人至少不站在道德的高地上。”小许说。

父亲老许被检查出来是肺癌时，已经被医生宣判是“晚期的晚期”了，已经发生了骨转移和脑转移，能扫描到的可见肿瘤26个。

当即，儿子小许就决定：要把自己的每一分钱和每一秒钟都留给父亲。而老许也想“活着”。看到一只梨，老许说：一千万买一只梨，我也吃不下了，以前不重视身体，太节省，要能多吃点儿梨就好了。

小许说，用尽全力挽救父亲，是唯一能做的事儿。一个人连生命都快没有了，“尊严、自由、快乐”这些矫情的字眼儿有什么意义，“他不需要旅游，只需要生命”。

他很清楚，父亲会最后离开这个世界，无论做怎样的选择都是无解。他拿出了自己所有的积蓄，还租房到医院附近陪伴。

化疗药是用进口的，还是国产的？这是一个选择。采用怎样的化疗方案？又是一个选择。要不要用最新的药？还是要选择。后来，癌细胞入侵了老许正常的血管壁，胸腔开始积水，肺就快要被液体淹没了。老许接受了第一根管子，从锁骨插进管，抽胸水。每天，那根管子都会抽出一斤粉红色的液体。“100 天，抽了 100 斤”。

也正是这根管子让老许多活了 100 天。

可这根管子解决了憋气问题，又带进了空气，又造成了气胸。而且管子也带进去新的细菌感染，老许正在朝一条不可逆的路上走。

父子俩觉得每一步都无可选择，只有一起奋斗。后来，老许疼得左躺不是，右躺不是，坐起来也难受，疯狂地扭动身体。

到后来老许的脾气也大了。有一次，儿子实在忍不住，说 :“爸爸，你就不能坚强一些吗？”可父亲的回答让他终身难忘，那句话让他深刻理解了临终病人的感受。父亲说 :“爸爸到这个程度了，坚强和不坚强有什么区别？”

再后来，痰堵在了胸口，第二根管子从鼻子插进了肺。每天抽出黄黄的浓痰，直到“抽的速度赶不上癌细胞产生痰的速度了”。他的肺一点点变成灰白色，像被棉絮裹着。

进入 ICU 前的时刻，老许拉着儿子的手说：你们要照顾好自己。我觉得身体紧绷绷的，像被很多铁丝把身体捆着，爸爸没什么文化，不知道什么是遗言，也许这就是遗言吧。

先进的医学设备和药物让这句话没有变成老许的遗言。这位生命以“秒”计算的病人，最终挨过了那年的春节。除夕之夜，下着大雪，昏迷的老许醒来后，对家人说：过年了！我祝你们幸福！

父亲走后，这句话陪伴了小许很多年。如果没有抢救，他是得不到父亲这句“祝福”的。

小许告诉记者，对癌症病人而言，没有尊严，只有活着。连生命都快没有了，何谈尊严？如果空谈尊严比生命更重要，哲学的意义在哪里？哲学本该是回答生命的。

“父亲留给我的东西太多了！”尽管“人财两空”（花了几十万，还借了债），小许说，他丝毫不后悔当时的选择。

如今，小许每次吃到梨，都会想起父亲。他说，这场经历，让他知道“梨的味道不是甜的，也不是酸的，而是平静的”。

陈作兵的生活却很久不能平静下来。很多癌症患者给陈作兵打电话，希望他能解答，究竟该怎样做出选择。但陈作兵坚持，那只是很个人的选择。

在接受记者采访时，罗点点竖起她的大拇指，说自己同样很敬佩那些插着七八根管子，选择与死神顽强抗争的人，“好样的！”

她说，生前预嘱就是强调死亡的权利由本人做主，怎样选择没有对错，只要是自己的。

有一次罗点点去美国纽约，专门参观了特鲁多的塑像。这里被称作医学的圣地。

特鲁多的一生中，当医生的日子还没当病人的日子多。1837年，24岁的医学院学生特鲁多来到人烟稀少的撒拉纳克湖畔等待死亡，他得了那个年代的不治之症——肺结核。

远离城市喧嚣，他的身体慢慢好起来。奇怪的是，每当他在城里住上一段时间，结核病就会复发，而一旦回到撒拉纳克湖地区，又会恢复体力和心情。后来，他在湖畔创建了美国第一家专门的结核病疗养院。他成了美国首位分离出结核杆菌的人，还创办了一所结核病大学。当然，最终，他也死于肺结核。

如今一个多世纪过去了。看着雕像，最让罗点点感动的是，盖在特鲁多下半身的那条毛毯。这条毯子让特鲁多的病人模样显露无疑，让“医生和病人没有界限”。特鲁多的墓碑上刻着他行医生涯的座右铭：“偶尔治愈、常常帮助、总是安慰。”

“而这句话正是当下中国医学界最缺少的。”罗点点感慨。

因为职业的关系，罗点点和她的朋友对“死亡是一种伟大的平等”这句高悬在北京八宝山骨灰堂门楣上的歌德的名言，有自己的理解。

王一方总讲“死亡课”，他也想好了自己怎样“下课”。他说，最后的时刻，他拒绝用机器延长生命，他会让人给自己刮胡子，用热毛巾洗把脸，再擦点儿雪花膏，干干净净地离开，要“像老獾一样，把礼物留给别人”。

ICU 专家席修明说，他不会在 ICU 走，他要躺在一个干净的床上，一个人也没有，安静地对这个世界说会儿话，然后走，正如一只蚂蚁离开，一片树叶落地。

见惯了死亡的刘端祺，没打算把自己的死亡看做“特别的仪式”。他说，他不会浪费别人的时间，不会过度抢救，赶着谁来看我，就是谁；走了骨灰放在树下，当肥料。“我一生很充实，我给自己打 80 分！”

罗点点也想好了最后的“生命的句号”。死后通过捐赠变成一副白骨，挂在一位高大漂亮的随便什么科医生的衣帽架上，每天和他一起面对病人，穿他的衣服，还听他用特别软绵的口气打招呼：“嗨！罗美丽！”

相比罗点点他们可以预见的自我做主的死亡，老许最后的生命却身不由己地紧紧系在一根管子上了。

那年正月初三零点，老许的生命进入了最后的时刻。小许穿过空荡荡的走道找医生，医生决定再插吸痰管。医生说他们的职责就是挽救生命，哪怕最后一秒钟。

而这一次，一直很配合医生的老许，再也不想做了。他用尽全力抓着大夫握着管子的手，使劲往外推。可医生有力的手，准确迅速地把管子从他的鼻子穿进，直抵肺。

老许的预感是准确的，最后一管不是痰，而是鲜血。他最后一句话是："拔掉管子！"一个多小时后，老许走了。

著作权合同登记：图字 09-2013-46 号

我选择，有尊严地死去
玛丽·德卢拜 著

Translation from the French language edition of:
SIX MOIS A VIVRE by Marie Deroubaix Copyright
LE CHERCHE MIDI, 2012 c/o
Cristina Prepelita Chiarasini, Paris,
through Dakai Agency Limited for the Chinese translation.

图书在版编目（CIP）数据

我选择，有尊严地死去 / (法) 德卢拜著 ；孙敏，张怡译. -- 上海 ：上海社会科学院出版社，2013
书名原文：Six Mois a vivre
ISBN 978-7-5520-0241-6

Ⅰ. ①我… Ⅱ. ①德… ②孙… ③张…
Ⅲ. ①德卢拜，M.（1953~2011） -自传
Ⅳ. ①K835.655.42

中国版本图书馆CIP数据核字(2013)第046624号

出 品 人：缪宏才

总 策 划：闫青华
责任编辑：杜颖颖
特约编辑：木 炜 石 蕊
营销编辑：林睿鋆
封面设计：金 山 黄佳菁

我选择，有尊严地死去
[法]玛丽·德卢拜 著 孙敏 张怡 译

上海社会科学院出版社有限公司
上海市淮海中路622弄7号 邮编：200020
上海信老印刷厂印刷
字数 100 千字 开本 787×1092毫米 1/32 印张 7.875
2015年3月第1版 2015年3月第1次印刷
ISBN 978-7-5520-0241-6/K·195
定价：25.00元

读者回函表

万墨轩图书官方微信

姓名：__________ 性别：_____ 年龄：______ 职业：________ 教育程度：________

邮寄地址：____ 邮编：________

E-mail：____________________ 电话：____________________

您所购买的书籍名称： 《我选择，有尊严地死去》

您是如何得知一本新书的（多选）：□别人介绍 □逛书店偶然看到 □网络信息 □杂志与报纸新闻 □广播节目 □电视节目 □其他：__________

您喜欢到哪里买书（多选）：□书店 □网上书店 □借阅 □找电子版 □其他 __________

购买新书时您会注意以下哪些地方？

□封面设计 □书名 □出版社 □封面、封底文字 □腰封文字 □前言后记 □名家推荐 □目录

您对本书的评价：

书名：	□满意	□一般	□不满意	故事情节：	□满意	□一般	□不满意
翻译：	□满意	□一般	□不满意	封面设计：	□满意	□一般	□不满意
内页设计：	□满意	□一般	□不满意	印刷质量：	□满意	□一般	□不满意
价格：	□便宜	□正好	□贵了	整体感觉：	□满意	□一般	□不满意

您喜欢的书籍类型：

□文学 □奇幻 □情感 □商业 □历史 □军事 □旅游 □艺术 □科学 □推理 □惊悚 □传记 □生活、励志 □青春 □教育、心理 □其他________

请列出3本您最近想买的书：__________、__________、__________

请您提出宝贵建议：____

★谢谢您购买我们出版的书。请将读者回函表填好后，邮寄到“上海市浦东新区锦绣路2150号万源商务楼3楼（邮编200127）”，或将此表扫描、拍照后发电子邮件至wipub_sh@126.com，祝您阅读愉快！

特别启事：图书翻译者征集

为进一步提高本公司引进版图书的译文质量，也为翻译爱好者搭建一个展示自己的舞台，现面向全国诚征外文书籍的翻译者。如果您对此感兴趣，也具备翻译外文书籍的能力，就请赶快联系我们吧！

您是否有过图书翻译的经验： □有（译作举例：____________________）□没有

您擅长的语种：□英语 □法语 □日语 □德语 □韩语 □西班牙语 □其他________

您希望翻译的书籍类型：□文学 □生活 □心理 □其他________

★请将您的简历发电子邮件至wipub_sh@126.com，简历中请特别注明您的外语水平、翻译经验。经考察适宜者，将有机会成为我们的译者。期待您的参与！

2 0 0 1 2 7

请贴邮票

上海市浦东新区锦绣路2150号万源商务楼3楼

上海万墨轩图书有限公司（收）

寄信人：________________

□□□□□□

请沿虚线对折后寄出，谢谢！